I0815303

¿CUÁNDO SERÉ SUFICIENTE?

NATAXA RUZAFA

¿CUÁNDO SERÉ SUFICIENTE?

MOLINO

Papel certificado por el Forest Stewardship Council®

Primera edición: febrero de 2025

Printed in Spain - Impreso en España

ISBN: 978-84-272-4693-5
Depósito legal: B-21.255-2024

Compuesto por Fotoletra, S. L.
Impreso en Huertas Industrias Gráficas, S. A.
Fuenlabrada (Madrid)

MO 4 6 9 3 5

Para aquellas personas que han aprendido a vivir
con grietas y asumen la valentía de saber
que es por ellas por donde entra la luz.

ÍNDICE

Tercera parte - Sanando nuestra historia

Carta de la autora

Si este libro está en tus manos, es probable que sientas la necesidad de entender la relación que mantienes con tus referentes familiares. Bienvenida.

Comprender tu pasado para poder construir un nuevo futuro puede ser un viaje agridulce. Alumbrar aquello que sucedió y comprender el efecto que ha podido tener en las decisiones que has ido tomando puede despertar en ti miedo y tristeza por lo que perdiste o por lo que quizá nunca tuviste. Pero eso es lo que hace la luz: lo ilumina todo, incluso lo que no queremos ver. Entender cómo ha podido afectar la relación que has tenido con tus referentes es la mejor manera de no repetir los esquemas del pasado en tus relaciones adultas.

Con este libro me gustaría acompañarte a comprender la soledad emocional que experimentas a veces, a establecer vínculos más profundos y a relacionarte mejor con tu vulnerabilidad. Si además consigo que te entiendas más y, por tanto, que te valores y te quieras mejor y que veas que tus necesidades no son excesivas, escribir este libro habrá merecido la pena.

Soy consciente de que debes de llevar tiempo intuyendo muchas de las cosas que vas a leer en estas páginas, y por eso estoy aquí: para validarlas y para decirte que tu historia es cierta.

Con mucho amor,

Nataxa

Nota de la autora

Antes de empezar, me gustaría señalar que, a lo largo del libro, me dirigiré a ti en femenino. ¿Por qué? Pues porque este libro está dirigido a TODAS las personas, sin importar su género.

Por otra parte, verás que empleo el término «referentes» para aludir a las personas que te cuidaron durante la infancia. Siéntete libre de cambiarlo por la palabra que se ajuste mejor a tu realidad.

Primera parte

LA HISTORIA DE NUESTROS REFERENTES

1. LAS HERIDAS DE NUESTROS REFERENTES

Creo que es importante empezar hablándote de lo que en psicología llamamos «trauma generacional». Quería dar espacio a este concepto desde el principio porque no me gustaría que leyeras este libro desde el buscar culpables, sino más bien desde el comprenderte y ampliar la mirada para entender también a los demás.

El trauma generacional —también conocido como trauma transgeneracional o trauma intergeneracional— es un fenómeno que ocurre cuando las experiencias traumáticas de una generación se transmiten a las siguientes. Esto puede manifestarse en patrones, emociones, comportamientos, creencias... Es algo parecido a lo que ocurre en las familias cuando se transmiten historias o recuerdos que van pasando de abuelos a hijos y de hijos a nietos... Lo mismo puede suceder con las heridas emocionales, las formas de ver y entender la vida y los patrones de comportamiento poco sanos.

Por ejemplo, imagina a una familia, la de Arturo, en la que las emociones se consideran un signo de debilidad. El padre de Arturo es un hombre estricto y distante, y le enseña a su hijo a mantener siempre una fachada inquebrantable de fortaleza e independencia. Al carecer de espacio para expresar sus miedos, tristezas u otras emociones, cuando forma su propia familia Arturo adopta la misma postura. Como resultado, su hija, Claudia, aprende a ocultar sus sentimientos y a cerrar los ojos ante cualquier muestra de vulnerabilidad, sintiendo y creyendo que las emociones deben ser controladas y reprimidas. A raíz de todo ello, cuando Claudia es adulta experimenta dificultades para establecer relaciones profundas y genuinas, perpetuando el legado familiar de distanciamiento emocional.

Es muy posible que Arturo creyera que la crianza que recibió era un capítulo cerrado de su pasado, pero el impacto que tuvo en él afectó a su hija Claudia. Y si Claudia no identifica esos efectos, toma conciencia de ellos y los trabaja, podrá acabar trasladándolos también.

Habrás visto que las dinámicas de funcionamiento poco sanas del primer referente se han ido trasladando a las futuras generaciones de manera inconsciente y en diferentes circunstancias. Esta transmisión no suele percibirse de manera clara y obvia, y puede estar presente de formas muy diversas.

A veces se traslada en forma de constante sensación de malestar, de desconfianza hacia el mundo o de dificultad para generar intimidad relacional (para vincularse de manera cercana). También puede influir en el modo de crianza, creando patrones familiares en los que el miedo y el estrés están muy presentes.

Entender no quiere decir justificar, ni mucho menos. A veces, sin embargo, entender de dónde vienen las cosas nos alivia y nos libera de ciertas cargas que habíamos asumido como propias.

En los últimos tiempos ha empezado a aceptarse la psicología como parte importante de nuestro bienestar. Probablemente, la gran mayoría de tus referentes no hayan crecido en un momento de apertura a la terapia y, por tanto, no hayan buscado nunca la ayuda de una psicóloga (o lo hayan hecho en edades mucho más avanzadas a las que nosotras nos hemos planteado iniciar nuestros procesos). Como consecuencia de ello, estarán aún aferrados a muchos patrones, conductas y formas de regularse, funcionar e interactuar con los demás que son insanas: sin terapia, no habrán podido tomar conciencia de ello, reconocerlo ni revisarlo. En tales circunstancias, es muy probable que, de manera más o menos consciente, hayan ido reproduciendo de generación en generación parte de esos patrones.

Las heridas con que cargan los referentes, por tanto, acaban afectando a su forma de vincularse y, por ende, impactando también en su descendencia. Esto explica que las heridas emocionales pasen de generación en generación.

En consulta, digo a menudo: «No han podido darte lo que quizá ellos no han recibido». Esta mirada compasiva hacia nuestros referentes nos puede ayudar a entenderlos y, sobre todo, a no responsabilizarnos ni culparnos de cosas que no tienen que ver con nosotras, aunque hayamos podido sufrir su impacto.

Puede que esta parte no te consuele. No querría que te indujera a comparar tu experiencia con otras. Mi objetivo es trasladarte el siguiente mensaje: aquello que viviste y te dolió no tuvo que ver con que hubiera nada malo en ti. Me gustaría que tu niña interior pudiera entender que no tuvo la culpa, que algunas de las cosas que pasaron no tenían que ver con ella.

Comprender lo que es el trauma generacional puede acercarte a tus referentes y permitirte validar el porqué y el para qué de su conducta y sus emociones, sin que con eso justifique lo que hicieron ni cómo actuaron. Puede que ahora sepas conectar con su emoción y ver su sufrimiento. Pero recuerda que eso no es —ni debería ser— incompatible con que decidas no aceptar ni validar cómo se comportaron.

Sanar el trauma generacional es posible: para ello, es necesario hablar de tus heridas con personas que sean un lugar seguro para ti —amistades de confianza, tu pareja o una psicóloga serían un buen ejemplo—. Hacerlo beneficia no solo a quienes sufren esa herida, sino también a futuras generaciones.

Llegadas a este punto, me gustaría invitarte a reflexionar sobre lo que has leído, siempre y cuando sientas que es el momento. Para ello te dejo aquí algunas preguntas con la intención de ayudarte a identificar posibles patrones de trauma generacional que hayan ido transmitiéndose en tu familia.

Tómate siempre el tiempo que necesites, respira e intenta reflexionar y anotar lo que te venga a la cabeza. No hay una manera correcta o incorrecta de responder: todo lo que surja y sientas estará bien. Gracias por permitirme acompañarte en esta reflexión. Vamos a ello:

¿Has notado en ti comportamientos o reacciones que te recuerdan a las que tenían ciertos familiares en situaciones similares? ¿Cómo te hace sentir?

¿Te resulta difícil hablar con tu familia sobre ciertos temas o determinadas emociones por la forma con que reaccionan? ¿Por qué?

¿Has identificado algún patrón de comportamiento repetitivo en tu familia? ¿Cómo reaccionas ante él?

____

____

____

____

____

____

¿Crees que ciertas emociones —como la ansiedad o el miedo— son comunes en varias generaciones de tu familia? ¿A qué podría deberse?

____

____

____

____

____

____

¿Hay historias familiares pasadas que todavía parecen influir en la dinámica familiar actual? ¿Por qué crees que ocurre?

____

____

____

____

____

2. ¿QUÉ ES LA INMADUREZ EMOCIONAL Y QUÉ IMPACTO PUEDE HABER TENIDO EN TI?

Hace un tiempo, amigas y compañeras de profesión me recomendaron el libro *Hijos adultos de padres emocionalmente inmaduros*, de la psicóloga Lindsay C. Gibson. Gracias a él conocí el término «inmadurez emocional». Me pareció un concepto revelador que, a la vez, me permitía abordar de forma respetuosa las conductas y las tendencias poco sanas y desadaptativas de nuestros referentes.

Veamos, pues, lo que entiendo por inmadurez emocional, ya que es un término que estará muy presente a lo largo de este libro.

Cuando hablo de inmadurez emocional me refiero a la incapacidad de reconocer, manejar y expresar las emociones de manera saludable y adecuada. Después de haber leído el apartado anterior, sin duda habrás intuido ya que la inmadurez emocional puede tener un impacto significativo en la vida de quienes están alrededor de estas personas, especialmente su descendencia.

Por ejemplo, tener dificultades para controlar ciertos impulsos y mostrar reacciones desmedidas ante situaciones cotidianas sería una muestra de inmadurez emocional. Este tipo de respuestas tienen su origen en la dificultad para reconocer y manejar las propias emociones.

La inmadurez emocional también hace referencia a:

- Mostrar dificultad para empatizar con los demás, reflexionar sobre conductas propias y asumir la parte de responsabilidad correspondiente en ciertas situaciones.
- Articular ciertos mecanismos de defensa para resistirse a la realidad y evitar hacerle frente y reconocerla.

Para que entiendas bien a qué me refiero, te expondré una situación en la que el referente muestra claros signos de inmadurez emocional:

> Carlos, un chico de veintiocho años, invita a su madre al nuevo pisito en el que se ha independizado. Le hace mucha ilusión enseñarle su hogar y, para cenar, ha decidido prepararle uno de sus platos preferidos, una receta familiar. Durante la cena, al probar el guiso que con tanto esmero ha cocinado Carlos, su madre comenta con tono crítico: «La carne está dura. Deberías haberla cocido más tiempo».
>
> Al ver que su madre no ha reconocido nada positivo y se ha centrado solo en la crítica, Carlos le comenta con actitud asertiva: «Mamá, agradecería que pudieras conectar con algo positivo de este encuentro y que, aunque la carne no esté en su mejor punto, reconozcas el esfuerzo que hay detrás y la ilusión con la que lo he preparado todo». La madre se siente atacada y, en lugar de aprovechar la ocasión para reconocerle a su hijo las cosas positivas, se pone a la defensiva y le responde: «Siempre reaccionas así cuando te digo algo. ¡Si es que no se te puede decir nada!».

Carlos, intentando mantener cierta armonía, sin querer anularse ante la situación, hace un segundo intento. «Mamá, eso no es así. Puedo aceptar comentarios y mejorar, pero echo en falta que reconozcas las cosas que hago bien. Me gustaría sentir que estás orgullosa de mí». La madre continúa: «No entiendo por qué todo tiene que ser un problema. Si no puedo decirte nada, entonces no abro la boca. Calladita estoy mejor».

Carlos se da cuenta de que su madre es incapaz de reconocer la situación y decide cambiar de tema para rebajar la tensión. Cuando la cena acaba, la madre se marcha sin disculparse y Carlos se queda con una sensación agridulce, convencido de que nunca es suficiente para ella.

Como podrás observar, la madre de Carlos está mostrando signos de inmadurez emocional. ¿Te suenan algunas de estas situaciones?

Para entender la inmadurez emocional, es muy importante matizar lo siguiente: todas podemos tener respuestas emocionales desmesuradas en un momento determinado, incluso perder los papeles. Sin embargo, la inmadurez emocional es un patrón: esos comportamientos se manifiestan de manera repetida, una y otra vez.

Las personas que muestran inmadurez emocional no suelen reflexionar sobre su comportamiento, no lo cambian, no lo reconocen y pocas veces se disculpan o se arrepienten de él.

No me gustaría terminar sin decir que la inmadurez emocional a menudo no es intencional. A menudo, es el resultado de la educación que las personas afectadas recibieron en su niñez y de traumas no resueltos en sus vidas (como hemos visto en el capítulo anterior). Tal vez no aprendieron estrategias adecuadas para manejar el conflicto y no tuvieron ejemplos positivos de regulación emocional en su infancia.

La buena noticia es que la inmadurez emocional no es permanente. Todas somos susceptibles de tener comportamientos inmaduros, lo importante es tomar conciencia de ello: ya que con conciencia y esfuerzo podemos aprender y mejorar. Para ello, a veces necesitamos ayuda profesional. El espacio terapéutico suele ser un lugar seguro donde la profesional que te acompaña puede guiarte para mejorar aspectos como la autorresponsabilidad, la reflexión, la observación, la comunicación y la regulación emocional.

Me gustaría que en estas páginas encuentres un lugar seguro donde analizar y comprender el posible impacto de tus referentes en la construcción de la relación que tienes con tus emociones y necesidades, y la forma en que puede estar influyéndote como adulta.

Todo el mundo entiende que los bebés aprenden a hablar imitando los sonidos que emiten sus referentes. A nadie se le ocurriría negarlo, ¿verdad? Pues en el ámbito emocional funciona de manera similar. La complejidad radica en que, cuando los referentes no aprenden a regularse bien, es difícil que puedan acompañar a hacerlo de manera correcta.

Sigamos con la misma analogía y supongamos que a un bebé se le habla empleando palabras mal formadas o no se le estimula en absoluto el aprendizaje del habla. Todos estaríamos dispuestos a aventurar que tardará más de lo habitual en expresarse verbalmente o que cometerá muchos errores cuando lo haga. ¿Cierto?

Pues lo mismo ocurre en lo emocional. No sabemos hacer algo hasta que no se nos enseña cómo.

Las experiencias vividas en nuestra infancia determinan en gran parte cómo nos vemos, cómo vemos a los demás y qué expectativas tenemos de las relaciones.

Por lo tanto, en la infancia es importante obtener corregulación de nuestros referentes, es decir, que contemos con alguien que nos ayude a aprender a regular nuestras emociones cuando estas nos desborden. Alguien que nos ayude a poner palabras a lo que sentimos y nos acompañe a explicárnoslo y explicarlo. Necesitamos referentes que, sin emitir ningún juicio, nos ayuden a que validemos y activemos un diálogo compasivo sobre nuestros sentimientos. Todo este acompañamiento en la infancia crea personas adultas capaces de autorregularse.

> Si al analizar tu trayectoria tienes la sensación de haber carecido de referentes con suficiente capacidad de autorregulación como para acompañarte a ti en la

tuya, no te preocupes. No todo el mundo los tiene, pero eso no impide que, de adultas, aprendamos a autorregularnos. En nuestra vida adulta podemos subsanar ciertas carencias y aprender a regularnos mejor con la ayuda de nuevas figuras de apego, como nuestra pareja, amistades cercanas y/o una profesional (por ejemplo, una psicóloga).

Es posible que ahora, al darte cuenta del impacto que ciertas experiencias han tenido en ti, empieces a sentir malestar. Es doloroso abrir ciertas heridas, mirarlas, sentirlas y sanarlas, pero me gustaría que supieras, querida lectora, que no estás sola. En casi toda historia de vida —por no decir en todas— hay trauma y heridas que procesar. Te abrazo muy fuerte.

Profundizaremos más sobre todo ello más adelante. Pero recuerda: todas las personas tenemos la capacidad de crecer, sanar y vincularnos de una manera más sana y segura.

3. LOS 5 TIPOS DE INMADUREZ EMOCIONAL EN LOS REFERENTES

A veces, es difícil mirar a nuestros referentes: puede asustar reconocer luces en ellos y, sobre todo, sombras, e incluso podemos sentir que si lo hacemos los estamos traicionando...

Mi intención con este libro es acompañarte en el proceso de verlos realmente en toda su complejidad. Todos mis comentarios sobre la inmadurez emocional los hago desde la sensibilidad y la compasión ante las limitaciones que padecen.

Después de años dedicándome a acompañar a personas en sus procesos terapéuticos, considero que es importante hacer este viaje a nuestras raíces: ver a tus referentes en su totalidad te permitirá entender aspectos de ti y de tu historia que puede que desconocieras.

Es muy posible que para hacer este viaje te ayude tener presente que lo que opines sobre tus referentes se queda contigo. No tienen por qué llegar a saber lo que piensas o lo que has descubierto de ellos. Mi objetivo es que consigas validar tu historia. Y, al hacerlo, no los traicionas: pensar en ellos en toda su complejidad no les va a causar ningún daño y a ti puede ayudarte.

Todos los tipos de inmadurez sobre los que profundizaremos a continuación generan malestar, cada uno a su manera. Aun así, todos comparten un factor común: ninguno permite ofrecer a hijas e hijos una estabilidad que genere seguridad en el vínculo.

Cabe añadir que la clasificación[1] sobre las diferentes tendencias de inmadurez emocional en los referentes no es diagnóstica ni excluyente.

1. La clasificación que presento aquí está basada en la que la psicóloga Lindsay C. Gibson hace en su recomendadísimo libro *Hijos adultos de padres emocionalmente inmaduros*. Sin embargo, yo he añadido una categoría más y he profundizado de forma diferente en cada tipo. Espero que os ayude.

La copa de vino tinto

No creo que haya buen momento para caerse del sofá, aterrizar sobre una copa de vino tinto, arrojarla al suelo con un ruido estrepitoso, y derramar el contenido sobre la alfombra blanca del comedor, pero me atrevería a asegurar que la fiesta de cumpleaños de tu hija de doce años estaría entre los peores.

Lo comprobé hace dos días en la celebración que mi mujer había organizado en nuestra casa. Después de una mañana intensa de preparativos —decorar la casa, cocinar los entrantes, disponer el aperitivo, darle un último repaso de limpieza al salón— y de mantener una acalorada discusión con mi mujer a raíz de temas en los que llevamos tiempo sin entendernos, decidí sacar una cerveza San Miguel bien fresquita de la nevera.

Soy Marcos, tengo cuarenta y cuatro años y trabajo coordinando el área comercial de una empresa de transportes. Vivo con mi mujer y mis dos hijas, la que ya conocéis, Natalia, y otra mayor, Carla, de dieciséis años.

Hace tiempo que me siento desconectado de la vida. Sufro mucho estrés en el trabajo y, cuando llego a casa, todo son exigencias: mis hijas reclaman atención y yo me siento una persona, un padre y un marido pésimos, y ahogo todo ello en la bebida.

No soy consciente de lo que eso implica para mí, ni para las personas a las que quiero. Simplemente cuando llego a casa después del trabajo, me tomo una cerveza, dos o tres..., o me sirvo unas copas de vino. Y ese... ¡es mi momento!

Paso por la vida y por mi casa de manera invisible. No siempre estoy de acuerdo con las cosas que mi mujer traslada a mis hijas. Ella es exigente y perfeccionista, pero yo me limito a observar y a callar. A veces, me piden que haga cosas que no me apetecen o no me van bien, pero yo me limito a asentir y a complacer. Y la verdad es que muchas otras veces no se puede contar conmigo, porque digo que sí, pero no aparezco, o voy tarde, o no estoy en condiciones, o me olvido...

En ocasiones, como hace solo dos días, después de unas cuantas copas veo el mundo con más alegría, me desinhibo..., pero entonces el resto de los ojos que me miran lo hacen con vergüenza.

REFERENTES PASIVOS

Aunque estos referentes no son agresivos ni impulsivos, también generan malestar en sus hijas e hijos. Muestran tendencias sumisas al resignarse ante personas con dinámicas dominantes y, a menudo, escogen a parejas con comportamientos autoritarios y agresivos.

En cuanto a la parte emocional, en un principio se muestran más predispuestos a satisfacer las necesidades de sus hijos e hijas. Son juguetones y acostumbran a participar activamente en las dinámicas infantiles, como si fueran pequeños. No obstante, cuando la intensidad de las situaciones aumenta, evitan el conflicto: se evaden, adoptan una actitud pasiva, se distancian emocionalmente y esconden la cabeza bajo tierra como los avestruces.

Los referentes pasivos presentan inmadurez emocional —como el resto de los referentes que iremos conociendo más adelante—, pero, gracias a su carácter apacible, son más susceptibles de ser queridos que los referentes inestables o distantes. Sus carencias les impiden poner límites y ofrecer una guía a sus hijos e hijas, así como la sensación de seguridad que tanto necesitan.

No es extraño que tengan problemas de autoestima, hecho que su posicionamiento pasivo favorece y que explica la inseguridad que sienten a la hora de validar sus propias decisiones y necesidades. Al ser más bien sumisos, suelen ceder ante las demandas y los deseos de los demás, una actitud que acaba derivando en la pérdida de control sobre sus propias vidas. A veces muestran resistencia al cambio, no tanto porque se opongan a él, sino porque requiere una actitud activa y tomar decisiones; algo que, al haber dejado de escucharse y respetarse, suele costarles.

Como consecuencia de todo ello, la comunicación se les hace muy difícil. Tienen grandes dificultades para saber qué necesitan, qué sienten y qué piensan. Esta desconexión les impide expresarse de forma clara y directa, y suele generarles malentendidos con su entorno.

Es habitual que, en la dinámica familiar, este referente sea el preferido de sus hijos e hijas. A veces, de manera consciente o inconsciente, utiliza este hecho a su favor para satisfacer su necesidad emocional de recibir atención y afecto. Sin embargo, sus hijos e hijas saben que, en el fondo, no pueden contar con ellos: acostumbran a correr un tupido velo ante situaciones familiares dañinas, llegando incluso a permitir abusos. A menudo, se vuelven insensibles ante lo que ocurre a su alrededor y pueden llegar a dejar que sus hijas e hijos se las apañen solos ante parejas que los humillan o los maltratan.

En su infancia estos referentes aprendieron a someterse a las personas de autoridad, a pasar desapercibidos y a mantenerse lo más lejos posible del conflicto y del punto de mira. Cuando alcanzaron la edad adulta no comprendieron que para cumplir con su nuevo rol no bastaba con ser amable: también había que proteger al otro.

En ocasiones, cuando las situaciones se complican, la tendencia pasiva y sumisa de estos referentes los empuja a abandonar no solo a sus hijos e hijas, sino también al núcleo familiar si otra vida se les pone por delante. A veces, para evadir el malestar interno que sienten al vivir desconectados de ellos mismos, también se abandonan a sí mismos recurriendo al consumo de sustancias.

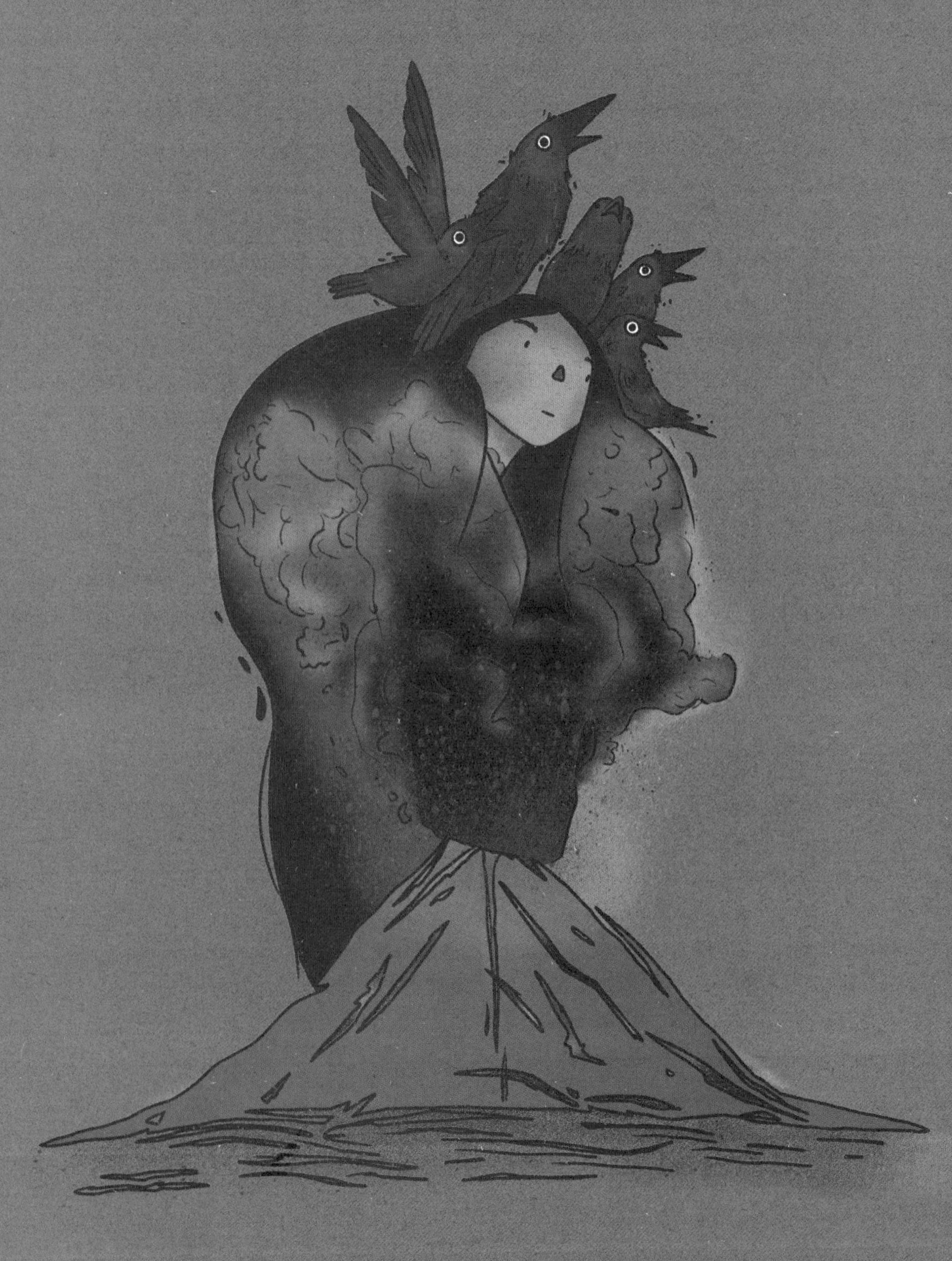

«Quemándolo todo a mi alrededor»

¡Se acabó! Por fin he terminado de guardar la ropa limpia en todos los armarios. Ahora toca barrer y fregar antes de que llegue mi marido con María y Lucas, nuestros hijos. Hace ya mucho tiempo que paso así mis «ratos libres», ocupada con tareas domésticas y gestiones: mucho trabajar y poco disfrutar.

Soy Lucía y mi matrimonio hace aguas. Tiempo atrás creía que mi marido me quería pero no lo sentía; ahora ni lo creo ni lo siento. Manel y yo no nos entendemos y me saca de mis casillas.

Oigo ruido antes de que entren. Luego se abre la puerta, María y Lucas irrumpen en casa corriendo y..., ¡zas!, mi hija le da un golpe a una planta que se desploma en el suelo y se rompe, dejando un montón de tierra desparramada por todas partes.

No puedo más. Me siento «superada», un eufemismo para describir el malestar que se cuela dentro de mí hasta invadir todo mi cuerpo.

Empiezo a chillar. Me hierve la sangre. Agarro con furia el brazo de María y le arreo en la nalga izquierda con todas mis fuerzas. Llora y Lucas se queda paralizado, hecho un ovillo, protegiéndose con los brazos.

Hace tiempo que mis respuestas son impulsivas, sin miramientos. Siento que la ira brota de mi interior y se apodera de mí. Cuando fui madre me prometí hacer todo lo posible para no comportarme como lo había hecho mi madre conmigo. Al alcanzar la mayoría de edad me marché de casa y no regresé hasta pasado mucho tiempo. Me daba demasiado miedo volver a tener contacto con la mujer que me había hecho sentir tan poco merecedora de amor. Cuando me gradué en la universidad le mandé una carta y ella me respondió con una nota escrita en una servilleta: me deseaba una feliz vida y punto final. Me acostumbré a pensar que su rechazo era culpa mía. Más adelante, identifiqué en su comportamiento posibles indicios de una enfermedad mental: sus fugas de casa, su profunda infelicidad, los días que perdía tumbada en la cama, sus explosiones repentinas de rabia y sus agresiones físicas. Aun así, aquí estoy, convirtiéndome en ella y dejando que este volcán interno explote, quemándolo todo a mi alrededor.

REFERENTES INESTABLES

El rasgo principal de estos referentes, y también el más característico, es la inestabilidad emocional. No pueden evitar que sus emociones los dominen y acaben hablando por ellos. Cuando el referente se desestabiliza emocionalmente, suele descargar su ira, su odio y su desesperación contra sus hijos e hijas. Esto los asusta y no aporta ni seguridad ni estabilidad al vínculo.

Con su conducta, este referente acaba consiguiendo que todas las personas del sistema familiar anden siempre con pies de plomo: tienen la sensación de que deben tratarlo con una prudencia extrema. Con el tiempo, las dinámicas familiares giran en torno a los cambios de humor de estos referentes.

Los referentes inestables acostumbran a ser muy impulsivos y toman decisiones sin detenerse a considerar las posibles consecuencias de sus actos. Sus estados de ánimo cambiantes y las respuestas explosivas los convierten en referentes intimidantes con los que no es seguro contar.

Todo ello los convierte en personas propensas a verse involucradas en conflictos. Suelen situar a los demás en polos opuestos —«O estás conmigo o estás contra mí»—, un impedimento a la hora de tener relaciones duraderas. No se los percibe como un guía seguro, pues marcar límites y responsabilizarse sobre ciertos aspectos de la crianza los abruma y conectan más con las necesidades propias que con las de sus hijas e hijos.

Cuando se intenta dialogar con ellos sobre sus reacciones o sobre el dolor que estas generan, reaccionan con excesiva sensibilidad a la crítica. Esto deriva en respuestas emocionales intensas: actúan a la defensiva, se justifican, atacan, retiran su afecto o adoptan el rol de víctima. Les cuesta muchísimo reconocer errores propios y disculparse (incluso puede que sean incapaces de disculparse honestamente).

Fuera del contexto familiar suelen controlarse, pero en la crisálida familiar se produce la metamorfosis insana de su parte más inestable. Puede resultar abrumador ver hasta qué punto son capaces de estar fuera de sí.

A las personas con dificultades para regular las emociones suele resultarles muy complicado mantener la ira dentro de unos límites razonables. De ahí que estallen y tengan episodios de rabia excesiva en los que pueden llegar a la agresión física, incluso ejerciendo malos tratos a sus hijos e hijas.

Estos referentes acostumbran a generar mucha confusión, ya que alternan momentos de conexión con otros de ausencia y violencia. En los momentos de conexión —cuando el referente no se siente amenazado ni abrumado—, escuchan y prestan apoyo y atención. Este estado, sin embargo, puede virar hasta un punto radicalmente opuesto cuando se desestabilizan. Entonces se convierten en personas violentas física y verbalmente, llegando a rivalizar y competir con sus hijas e hijos, criticándolos de manera despiadada y desagradable.

A pesar de esta incoherencia de presencia-ausencia, buscan a los demás y necesitan atención y validación constantes. Las demandan con tanta insistencia que llegan a tener conductas invasivas y dependientes.

Existen varios niveles de intensidad en función del grado de inmadurez emocional del referente inestable:

En el nivel más alto encontramos a personas que padecen algún tipo de enfermedad mental —trastorno de personalidad narcisista, trastorno límite de la personalidad, trastorno bipolar, trastornos disociativos, depresión y/o esquizofrenia (psicosis)—. Seguidamente, en un nivel menos severo, estarían las personas con rasgos narcisistas, histriónicos o con ciclotimia (trastorno del estado de ánimo donde se alternan episodios de euforia y depresión leve). Finalmente, en el extremo más leve tendríamos referentes con una inmadurez emocional marcada, cambios de humor frecuentes y poco previsibles, respuestas impulsivas e incapacidad para ofrecer seguridad en el vínculo.

Podemos por tanto hablar de toda esta realidad recurriendo tanto a sustantivos que empleamos de forma cotidiana (inestabilidad, inmadurez emocional, impulsividad, impredecibilidad...) como a denominaciones características del ámbito de la psicología: TLP, bipolaridad, narcisismo, histrionismo, ciclotimia... He querido hacer esta anotación porque detrás de algunos referentes inestables puede haber una enfermedad mental. Sin embargo, es cierto que en redes y medios de comunicación se ha popularizado el uso de cierta terminología psicológica a modo de etiquetas, una tendencia que me parece peligrosa, puesto que se corre el riesgo de utilizar estas etiquetas a la ligera. Aprovecho ahora para recordar que la intención de este libro no es generar ninguna categoría diagnóstica, y todavía menos teniendo en cuenta que para este tipo de diagnósticos clínicos se requiere de una gran intervención profesional. Aun así, quizá la terminología psicológica te permita esclarecer aquello por lo que has pasado o estás pasando en tu historia familiar y reconocerlo mejor. Si este es tu caso, está bien.

Es posible que, llegados a este punto, te preguntes: ¿cómo saber si el comportamiento de un referente inestable es producto de una enfermedad mental o consecuencia de la educación que recibió y/o de sus circunstancias personales? Si es así, esta es mi respuesta: recuerda que lo importante es el impacto que tuvo en ti, no el origen de su comportamiento.

Si algún comportamiento te dolió o te duele, si ha tenido un impacto emocional fuerte en ti, es lo suficientemente importante como para prestarle atención. Toda historia de vida es única. Mi intención aquí es poder validar tu experiencia, poder aportar algo de claridad y ayudarte a entender y reconocer qué ha podido pasar, porque entendernos y validar nuestra propia experiencia es el primer paso para empezar a sanar.

Los mil muros de cristal

A veces juego a imaginarme cómo sería mi vida si hubiera tomado otras decisiones. Si no me hubiera casado con Teresa y, al cabo de dos años, no se hubiera quedado embarazada de nuestro primer hijo. Éramos jóvenes y era lo que se esperaba de nosotros.

Soy Toni, tengo cincuenta y nueve años y trabajo en un despacho de arquitectura. Me encanta mi trabajo y también el golf y jugar al ajedrez. Aparte de eso, soy un amante del silencio y disfruto de la soledad.

Mi hijo Pau acaba de cumplir treinta años y mi hija Ana va camino de los veintiocho. ¿Cómo es eso posible? ¡Juraría que ayer todavía eran unos niños! Como todo padre, no creo ser tan viejo como para tener hijos de estas edades. Pero aquí estoy, en la celebración de la defensa de la tesis de Pau, cenando en un lujoso restaurante. Somos muchos, hay mucho ruido, se oyen carcajadas y de repente suena mi móvil.

Es Ferran, mi amigo del ajedrez. Al ver su nombre en la pantalla pienso para mis adentros: «¡Aleluya! ¡La excusa perfecta para salir de aquí!».

Me levanto de la mesa y respondo la llamada camino de la terraza. Me quedo charlando con él un buen rato. Y entonces una mano me toca el hombro. Es Pau. Parece triste. Tiene los ojos vidriosos. Con la voz entrecortada, me dice que llevo mucho tiempo fuera y que todos están esperándome para los postres. Yo ignoro sus señales emocionales. ¡Qué incómodas se me hacen! «Vale, Pau. Ahora voy. ¿No ves que es importante? ¡¿Y a qué narices viene esa cara larga?! Pareces un llorica. Anda, pasa», le respondo, malhumorado, levantándole la voz mientras le indico con la mano el camino de regreso al restaurante.

Cuando Pau se vuelve, cabizbajo, y se dirige hacia la puerta de entrada, cuelgo. Pienso que todos —principalmente mis hijos y mi mujer— son siempre muy demandantes y dependientes. Siempre piden más de mí, nunca tienen suficiente; ¡parece que mi presencia tenga que ser siempre imprescindible!

La llamada no era urgente ni tampoco importante, solo una posibilidad más de mantener mi costosa coraza. Ese refugio armado de mil muros de cristal en el que me siento seguro, pero donde pago el precio inconsciente de que «nadie pueda entrar».

REFERENTES DISTANTES

Los referentes distantes levantan una muralla a su alrededor para evitar tener intimidad emocional con las personas, sobre todo con las más cercanas.

No les gusta la cercanía, ni la buscan en ningún momento; más bien huyen de ella. No comparten sus emociones ni sus sentimientos. No suelen destinar tiempo a sus hijos e hijas, y reclaman el suyo para hacer sus cosas. Como consecuencia de ello, a menudo sus hijas e hijos crecen pensando que su referente familiar sería más feliz si ellos no existieran.

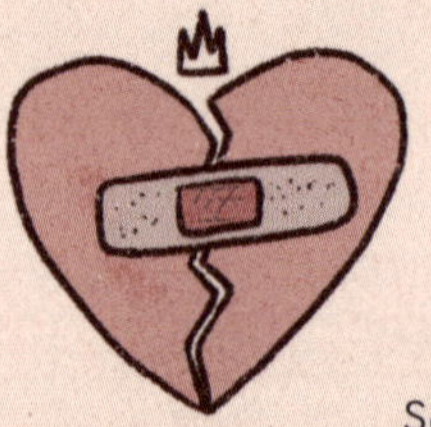

Tienden a dedicar poco tiempo a la comunicación con los demás, evitando las conversaciones largas y profundas. Se sienten cómodos con las interacciones superficiales y rehúyen las conversaciones personales.

No expresan afecto a las personas a las que quieren: la parte emocional los bloquea. Ni siquiera suelen permitirse mostrarse emocionales consigo mismos. El bloqueo emocional que muestran hacia fuera es también un reflejo de lo que sienten hacia dentro. Es habitual que no sepan cómo se sienten. De las pocas emociones que se permiten, la más común suele ser el enfado.

Es muy probable que los referentes distantes no hayan recibido muestras de afecto y, como consecuencia, les haya resultado difícil o incluso imposible aprender a darlas. De ahí que, cuando los demás expresan su amor o su vulnerabilidad, se sientan profundamente incómodos y acaben rechazando cualquier muestra de afecto e interacción emocional. Es posible que, si sus hijos e hijas les muestran su cariño, ellos se sientan incómodos y los rechacen, enfadados. En situaciones como esta, incluso pueden llegar a agredirlos físicamente como castigo, para expresar su descontento.

Estos referentes muestran bajos niveles de empatía. Les cuesta conectar con las repercusiones que tienen en los demás su aversión a la intimidad emocional y sus muestras de rechazo.

Su manera de funcionar en el núcleo familiar los convierte a menudo en los que «mandan en casa». Valoran mucho su independencia y su autonomía. Transmiten una imagen de autosuficiencia y parecen no necesitar nunca a nadie. Además, necesitan mucho espacio personal y tiempo a solas: de hecho, pueden irritarse y enfadarse rápidamente si sienten que se invade su espacio.

Como consecuencia de las dinámicas que se acaban generando, la familia se relaciona con este tipo de referente desde la prudencia, siempre tratando de no incomodarlo.

Cuando se muestran predispuestos a socializar son bastante selectivos con las personas con quién pasar su tiempo. Tienden a escoger a gente conocida, amistades con las que comparten algún interés o grupos reducidos. Aunque establezcan relaciones sociales, acostumbran a mostrar un nivel de desapego alto. Les cuesta estar presentes y cuidar esos vínculos.

Es habitual que, ante situaciones conflictivas o emocionales, adopten actitudes imparciales y muestren desinterés. Acostumbran a priorizar lo práctico y funcional sobre lo emocional. Este es un rasgo que se valora en entornos laborales; de hecho, son personas altamente eficaces y funcionales en su trabajo.

Sin embargo, en las relaciones personales genera malestar: en el ámbito personal la distancia crea dificultades y va acompañada de carencias. Llegar a conectar emocionalmente con este tipo de referente y crear un vínculo profundo puede resultar un desafío.

A menudo, las hijas e hijos de referentes distantes acaban creciendo con sentimientos de insuficiencia, sin sentirse queridos, creyendo que sus emociones los hacen indeseables y débiles. Suelen arrastrar consigo la sensación de ser una molestia, casi como si tuvieran que pedir disculpas por existir.

Hacer de tripas corazón

No me gusta nada que mi hijo contemple la opción de estudiar periodismo. Tengo grandes planes para él: su sitio está en el negocio familiar, un reconocido despacho de abogados.

Me llamo Carmen, tengo cuarenta y cuatro años y vivo con mi hijo Raúl. Soy madre soltera, o prácticamente, porque al mes de divorciarme, mi exmarido, que es inglés, de Londres, se fue para siempre. Así que la cara que Raúl veía a diario, la persona que le preparaba el desayuno antes de ir al colegio, la que lo educaba... era yo, ¡su madre! El londinense —apodo que utilizo para hablar de él con cierta «neutralidad», a pesar de la mezcla de dolor y rabia que siento al pensar en cómo se comportó— mantuvo el contacto durante poco más de un año. Luego se desentendió. Se acabaron los correos y las llamadas. Yo le mandaba fotos y él respondía con silencio.

Así que, aunque ya lo sospechaba antes de que se fugara, cuando desapareció me quedó claro, c-l-a-r-i-t-o: debía cuidar de Raúl yo sola y tenerlo todo bajo control. No podía permitir que la gente pensara que mi vida se había derrumbado. Soy una mujer fuerte, de las que pueden con todo, así que hice de tripas corazón, me tragué mi dolor y me prometí que tanto yo como mi hijo seríamos personas de renombre. Las emociones solo sirven para debilitarnos; lo importante es tener el control y que no haya imprevistos.

Como podrás imaginar, yo soy la persona que mejor conoce a Raúl y la que sabe lo que más le conviene, pero, a sus diecisiete años y a las puertas de la universidad..., ¡se está cuestionando mi plan! Con todo lo que he hecho por él. ¡Será desagradecido! ¡Me lo debe! Él tiene que ser abogado, abogado de prestigio en nuestro bufete y ser mi relevo cuando llegue el momento.

Este curso está siendo intenso. Raúl tiene que llegar bien preparado a la selectividad. Debe conseguir nota suficiente para cursar derecho en la misma universidad en la que estudié yo. Sin embargo, hoy mi plan ha empezado a hacer aguas. Raúl ha llegado a casa después de clase de inglés y con cara de pocos amigos, me ha dicho que no quiere estudiar derecho, que le gustaría ser periodista. Sueña con escribir una columna en algún periódico o revista española. Yo, hecha una furia, he descargado el puño sobre la mesa del comedor y, alzándole la voz, le he respondido: «¡¿Estás atontado o qué?! ¡Quítate de una vez esos pájaros de la cabeza! ¡No vas a estudiar periodismo! Tú tienes que ser abogado, te viene de familia. Vete, lávate la cara y no vuelvas a sacar nunca más este tema».

REFERENTES CONTROLADORES

Al principio, la inmadurez emocional de los referentes controladores pasa desapercibida, ya que su predisposición a adoptar el rol parental, su implicación y su presencia en la vida de sus hijos e hijas los convierte en unos referentes aparentemente muy comprometidos. Sin embargo, el problema no es que se impliquen, sino cómo lo hacen.

Este tipo de referente se relaciona desde la convicción de saber SIEMPRE «qué es lo mejor para las personas que tienen alrededor». Su forma de vincularse está marcada por comportamientos y acciones que responden a la creencia de que puede leer la mente de los demás, de que sabe lo que piensan, lo que sienten y lo que necesitan. Estas conclusiones las saca basándose en sus propias vivencias: «Si yo me siento así, los demás también».

Este tipo de referente suele tener muchas dificultades para hacer autocrítica. Tiende a culpar a los demás cuando las cosas no salen según sus expectativas y rara vez asume la responsabilidad de sus fallos o sus errores. Prefiere mantener la apariencia de tenerlo todo bajo control antes que cuestionarse. También le cuesta mucho aceptar puntos de vista o formas de funcionar distintos a los suyos. Suelen ser personas poco flexibles y con dificultades para adaptarse a situaciones nuevas o inesperadas. Esta rigidez puede llevarlos a conflictos.

Al tener una idea preconcebida de lo que deberían ser sus hijas e hijos suelen ofrecer un apoyo condicionado: validarán todo lo que coincida con lo que esperan. Si algo se aleja de su idea preconcebida, en cambio, será juzgado negativamente y rechazado. Para estos referentes, lograr lo que se han propuesto —tanto para su vida como para la de sus hijos e hijas— es prioritario, pasa incluso por encima de los sentimientos y las necesidades de la otra persona. Temen la «falta de éxito» de sus hijos e hijas, y eso les impide mostrar aceptación incondicional.

Les cuesta mucho sintonizar con lo que sienten otras personas (incluidos sus hijos e hijas). En vez de adaptarse a las necesidades ajenas, con sus conductas arrastran a los demás para que hagan lo que «ellos creen conveniente». Para asegurarse de que las cosas se hagan a su manera, pueden llegar a utilizar conductas manipulativas y recurrir a la culpa, la vergüenza o incluso el elogio como herramientas para influir en los demás.

Muchos de estos referentes se han criado en ambientes de privación emocional —desprovistos de figuras seguras y de apoyo— en los que aprendieron a sobrevivir solos. Acostumbran a ser personas que sienten que en su infancia tuvieron que salir adelante gracias a su propio esfuerzo y a su independencia. Como consecuencia de ello, son extremadamente exigentes consigo mismos y proyectan ese exceso de exigencia en los demás. Su estilo de comunicación suele ser autoritario: hablan de manera unidireccional. Raramente valoran o consideran las opiniones de los demás, e insisten en que su forma de proceder es la correcta.

Su estrategia estrella es el CONTROL. Sienten la necesidad constante de dirigir las situaciones y las decisiones de los demás, tanto significativas como triviales, restringiendo así la autonomía de quienes los rodean. Suelen supervisar y examinar en detalle lo que hacen sus hijos e hijas, sin darse cuenta de que, con su manera de educar, solo consiguen que les pierdan la confianza y que tengan sensación de insuficiencia y de poca valía. Por lo general, las hijas e hijos de estos referentes se sienten en constante evaluación, y la supervisión excesiva les impide pedir ayuda con libertad y les genera la sensación de no hacer nunca las cosas bien.

Este mundo hostil

—¡Bárbara, ten cuidado, por dios! —chillo desde la cocina.

Estoy agotada. Mis nietos ya empiezan a ser mayores y el mundo es muy peligroso. «¿Cómo prevenirlos de tantas amenazas? —me pregunto para mis adentros—. ¡Con Julia no se me dio bien!».

Soy Dolores y tengo sesenta y cuatro años. Mi marido y yo criamos a nuestros dos hijos, Julia y Joaquín, y al cabo de unos años nuestra casa se llenó de tres adorables pequeñajos, los hijos de Julia.

Julia se emparejó con un hombre apuesto, pero de mala vida. Se quedó prendada de él y, sin tomar en cuenta mis constantes advertencias, se casaron. Poco después llegó Bárbara, la mayor, y después los dos siguientes, Margarita y Felipe. La vida no es eterna y una no debería malgastarla con gente que no le hace bien. Pero mi hija Julia no lo ve... Por eso dejó a sus tres hijos a mi cargo y siguió perdiendo el culo por ese hombre que tan poco la merece.

Cuando todo esto pasó, se me rompió el corazón. Desde entonces mi labor es y será siempre cuidar de los tres como si fueran mis propios hijos, protegerlos del mundo que tanto daño les ha hecho ya. Yo no entiendo el cuidado sin la preocupación: es lo que siempre me han enseñado. Una mujer debe cuidar y preocuparse por todo y por todos. Mi madre enfermó de cáncer cuando yo era adolescente y me encargué de cuidarla. Al año y medio falleció entre mis brazos, una madrugada, a las 4 de la mañana. Cuando pienso en ello me embarga una pena profunda; me siento completamente desprotegida.

Bárbara tiene diecinueve años y acaba de subirse a una escalera para coger el costurero que está en el altillo. Quiere coserse el dobladillo de una falda; esta noche sale de fiesta con sus amigas. Le chillo: «Pero ¿qué haces? ¡Quita, ya lo cojo yo! ¿No ves que podrías caerte y hacerte daño? ¡Y dame la falda, niña, que ya te la arreglo!». Mientras coso, empiezo a pensar en todo lo que podría salir mal esta noche. Y entonces se desencadena mi retahíla de peligros.

—Bárbara, ten mucho cuidado esta noche. ¡Ni se te ocurra venir tarde, que me dará un infarto! No te fíes de nadie..., de ningún chico. No te separes de tus amigas. Evita los lugares oscuros —le digo.

—¡Abu! —responde ella—. No empieces...

—Bárbara, no seas ingenua: ¡el mundo es un lugar hostil! ¡Si es que no sabéis ver el peligro! Hay que estar siempre alerta; nunca se sabe lo que puede llegar a pasar. En esta casa no me entendéis, ¡creéis que soy una exagerada!

REFERENTES SOBREPROTECTORES

Aunque tienen puntos en común con los referentes anteriores (los controladores), lo que mueve a los sobreprotectores es el MIEDO y la PREOCUPACIÓN.

Para ellos, el mundo es un lugar hostil y lleno de peligros, de modo que, con el objetivo de asegurarse de que sus hijos e hijas están seguros, de que no se enfrentan a amenazas, tienden a analizar detenidamente su comportamiento y su entorno.

Al estar en constante alerta e hipervigilancia, suelen ser pesimistas y ver siempre el lado oscuro de las cosas. Acostumbran a reaccionar de manera exagerada ante pequeños problemas y tratan situaciones cotidianas como si fueran extremadamente peligrosas. Es también habitual que sufran de ansiedad anticipatoria: se preocupen constantemente por lo que podría salir mal en cualquier situación y, con el ánimo de evitarlo, toman medidas preventivas extremas. No entienden el cuidado desvinculado de la preocupación constante. Sin darse cuenta, limitan la autonomía y la capacidad de tomar decisiones de sus hijos e hijas.

Suelen tener bastante miedo al «nido vacío»: se resisten a aceptar la independencia de sus hijas e hijos, a permitir que hagan cosas por su cuenta, que tengan nuevas experiencias y se enfrenten a desafíos. También tienden a inmiscuirse en cada detalle de sus vidas, desde las decisiones más trascendentales hasta las más triviales, de ahí que su entorno los perciba como personas entrometidas e invasivas.

La ansiedad que sufren y la preocupación constante en la que viven no les afecta únicamente a ellos: también pueden generar ansiedad y dependencia en sus hijos e hijas, que a menudo se sienten poco capaces de manejar sus propios problemas o tomar decisiones. Asimismo, cuando estas hijas e hijas alcanzan la edad adulta, tienden a no compartir temas importantes con su referente sobreprotector para no preocuparlo, de modo que tampoco pueden contar con su apoyo. Esta actitud responde a la sensación apabullante que provocan la preocupación extrema, el pesimismo y la percepción magnificada de estos referentes; abruma pensar en contarles algo preocupante, por miedo a que no sean capaces de sostener el impacto emocional que esto podría conllevarles.

Es posible que, una vez descritos estos referentes, te quede alguna duda sobre los rasgos que distinguen controladores de sobreprotectores. Aquí te dejo un resumen de las diferencias más destacadas.

Diferencias clave:

- Intención: El referente controlador se mueve más desde la voluntad de imponer su punto de vista y mantener el control, mientras que el sobreprotector busca evitar que la otra persona sufra o tenga problemas.
- Manera de actuar: El referente controlador tiende más a utilizar la comunicación autoritaria y de manera consciente o inconsciente recurre a técnicas manipulativas —como la culpa, el elogio condicionado...—, mientras que el sobreprotector acostumbra a invadir con su miedo y preocupación.
- Impacto en la autonomía: El referente controlador mina la autonomía al imponer decisiones, mientras que el sobreprotector lo hace al evitar que la persona tome decisiones por sí misma.
- Percepción del otro/a: El controlador a menudo desconfía de la otra persona, mientras que el sobreprotector subestima su capacidad para manejar situaciones difíciles.

4. LA IMPORTANCIA DEL ENFADO

Después de lo que hemos visto hasta aquí, querida lectora, me gustaría hablarte de aquella emoción que tan poco nos gusta, que raras veces nos permitimos y que tanto rechazamos: la RABIA. Es importante entender que el problema no es sentir rabia, sino no tener una buena relación con ella.

¡Enfadarnos es importante! Si NO nos enfadamos, no podemos protegernos de lo que nos hiere, de lo que es dañino para nosotras.

Si no has crecido acompañada de referentes que te enseñaran una gestión sana de esta emoción, es posible que hayas desarrollado aversión a ella. La ira es una emoción intensa, EXPANSIVA: cuando la sentimos, se nos activa el cuerpo entero.

Una de las claves para aprender a regular bien la ira es CONTENERLA, que NO ES LO MISMO QUE REPRIMIRLA.

Contener consiste en concedernos un rato, el que cada una necesite. Cuando nos enfadamos, «nos subimos a nuestro caballo de la verdad y nos disponemos a batallar hasta el final». Es entonces cuando necesitamos contener: salir de la escena, cambiar de estancia, irnos a dar una vuelta y ver que, poco a poco, ese calentón tan característico de la rabia se va enfriando. El objetivo principal de ese espacio de tiempo es desahogarnos. También es una ocasión para tratar de determinar qué nos ha ofendido-herido o qué necesidad emocional no hemos sentido respetada o acogida.

En cuanto estemos menos activadas por la emoción y podamos expresar —sin perder las formas— cómo nos hemos sentido y qué cambio necesitamos, habrá llegado el momento de volver a escena y comunicarnos. Si no damos este último paso, estaremos reprimiendo en lugar de conteniendo.

Reprimir es como sostener una pelota de goma bajo agua. El brazo que la mantiene sumergida puede aguantar un rato, pero cuando pase un tiempo y el cansancio se acumule empezaremos a flojear y ¿qué pasará entonces? El brazo desfallecerá y la pelota saldrá disparada. Esto es lo que suele suceder cuando reprimimos: vamos acumulando rabia hasta que no podemos más y explotamos.

Para evitarlo, es importante que después del desahogo hagas un esfuerzo real por comunicar lo que te ha parecido injusto y nocivo. Puede que no consigas llevar la pelota de goma hasta la superficie, pero sí estará más cerca de ella. (Más adelante hablaremos en detalle de la comunicación asertiva con el objetivo de que te sientas más preparada para mantener este tipo de conversaciones).

Así que está bien que te enfades; puedes enfadarte, aunque lo que hicieran mal tus referentes no fuera intencionado. De hecho, es importante permitirte el enfado como fase necesaria para poder sanar el dolor de esa niña que sufrió.

Es posible que te cueste permitirte el enfado con tus referentes. Puede que no te lo permitas porque te parezca injusto enfadarte con aquella persona que hizo lo que pudo, que te quería aunque no supiera transmitírtelo. Por tanto, es importante tener claro que el enfado no es el objetivo y que no tienes que sentirte enfadada para siempre.

El enfado es una parte del proceso de sanación de esa relación.

Muchas veces, escribir nos permite ordenar nuestra mente y nos ayuda a entendernos. A veces también puede ser un lugar seguro donde empezar a dar forma a lo que sentimos, y eso es liberador. Por ello, después de lo leído, te pediré que escribas una carta dirigida a ese referente en el que has estado pensado en la que reúnas todo lo que has sentido INJUSTO en vuestra relación, todo lo que te hace sentir mal con esa persona. Quiero que te escuches y que la escribas, si así lo sientes.

Escribe lo que te salga, aunque surja de la ira: escribe todo lo que necesites. Si recuerdas algún momento concreto, descríbelo e intenta añadir cómo te sentías tú. ESTA CARTA NO SE LA VAS A DAR A NADIE, NADIE LA VA A LEER. ¡ES PARA TI! ASÍ QUE NO FILTRES: SÁCALO TODO.

Escribe aquí tu carta

Segunda parte

NUESTRA HISTORIA

Querida lectora:

No es extraño que no veas la necesidad de ahondar en el pasado..., ¡si pasado está!

Al fin y al cabo, es lo que nos han enseñado: lo que cuenta es lo que puedes ver con los ojos, lo palpable.

Aquí estamos hablando de un mundo que no se ve, pero que ¡aun así existe! Hablamos de dolor, carencias, tristeza, enfado, recuerdos, miedos, sueños, imaginación... Parte de las cosas que nos ocurren en la vida tienen una causa que se encuentra en nuestro mundo emocional y se refleja en nuestras relaciones, nuestra conducta, en ciertas situaciones de nuestra vida...

¿A que sin un espejo no podrías verte a ti misma? Pues en la vida, en el mundo, si estuvieras sola, no sabrías quién eres.

Nos reconocemos a través de los demás y gracias a eso nos damos cuenta de quiénes somos y, sobre todo, tenemos la oportunidad de revisar lo que necesitamos mejorar y cambiar.

En el mundo de los sentimientos —de lo que NO se ve— todo está entrelazado, nada es ajeno a ti. Si actúas sobre la causa, el efecto cambiará.

Él antes que yo

Él me dejó a mí. Sí, sí, tal y como lo lees. La posición de los pronombres es realmente importante: él antes que yo.

Soy María, tengo veintiocho años y trabajo como educadora social en un centro de acogida de chicas. Llevo allí dos años y me encanta mi trabajo. Es física y emocionalmente agotador, pero me siento realizada y le da sentido a gran parte de mi vida. Conviví muchos años con mi pareja, Lucas. En los últimos meses estuvo algo inestable.

Hacía ya tiempo que no lo veía bien, pero las veces que había conseguido tragarme el miedo de sentirlo tan distante y le había preguntado qué le pasaba, nunca había llegado a sacar nada en claro. A pesar de la inseguridad de nuestra relación, yo quería luchar a toda costa por ella. Necesitaba que esta vez saliera bien: había apostado demasiado como para perder la relación.

Una noche fría de invierno, al llegar del trabajo, me lo encontré sentado a la mesa del comedor. Al verlo y mirarle a los ojos, sentí que pasaba algo diferente. Era la primera vez que él iniciaba la conversación. Me dijo: «No podemos seguir así. Me voy a vivir a Holanda y lo nuestro se acaba». Continuó asegurando que lo sentía mucho, que me quería muchísimo, que era una persona maravillosa.... Un montón de palabras más salieron por su boca, pero no fui capaz de escucharlas: mi cuerpo no podía con tanta incongruencia y se me revolvió el estómago. Sentí literalmente que no podía digerir todo lo que estaba sucediendo.

Fui al baño a mojarme la cara y la nuca y empecé a llorar desesperadamente. Sentía un dolor tan profundo en mi pecho, como si dos manos agarraran mi corazón, lo estrujaran y al instante lo separaran con fuerza, desgarrándolo y partiéndolo en dos. Me senté en el suelo del baño, me acurruqué en una esquina y entonces lo sentí. Me embargó una profunda soledad, me sentí inquerible y me sorprendí pensando: «Nunca nadie te ha querido realmente, María». Entonces, un torbellino de pensamientos y recuerdos bloqueados volvió a mí. Recordé los golpes, las marcas en mi cuerpo, los gritos y el miedo atroz que había sentido hacia mi madre, Lucía.

5. TUS HERIDAS

Si has vivido en un contexto familiar con figuras referentes emocionalmente inmaduras, es posible que tengas heridas emocionales. Vamos a identificarlas y a profundizar en ellas.

«NO SÉ IDENTIFICAR NI RESPETAR MIS NECESIDADES»

Me hace especial ilusión hablar de necesidades, pero sobre todo de necesidades emocionales. ¡Sí, como lees!

Las necesidades emocionales son las grandes olvidadas, las grandes repudiadas. Espero que esta parte del libro te ayude a entender por qué pueden resultarte tan desconocidas.

Si de pequeña sentías que no había espacio para lo que necesitabas, es posible que hoy vivas tan desconectada de tus necesidades que incluso te cueste identificarlas. Aun sin ser consciente de ello, puede que te avergüence dar visibilidad a tus necesidades, que te sientas egoísta al escucharlas y/o que las veas como una carga para los demás.

Desde este trasfondo herido, no es posible dar espacio a tus necesidades. Si no las honras, si ni siquiera las identificas ni validas, ¿cómo vas a expresarlas y defenderlas?

Por eso estoy aquí, para hacerte llegar este mensaje: todas tus necesidades ESTÁN BIEN. Y tienes todo el derecho del mundo a tenerlas y a expresarlas. Todas tenemos necesidades emocionales. Y eso no nos hace egoístas, ni dependientes, ni nos convierte en una carga; simplemente nos hace HUMANAS.

«¿ESTÁ BIEN LO QUE SIENTO?»

Si a lo largo de tu vida has pasado por momentos en los que tus sentimientos se consideraban una molestia o eran motivo de enfado o de rechazo, puede que como adulta te cuestiones si lo que sientes está bien, te preguntes si exageras, si eres mala persona o si sientes demasiado...

Puede incluso que tengas la sensación de que tu sensibilidad —tu parte emocional— es un incordio, una fuente de debilidad y algo indeseable. Si es así, te abrazo con fuerza porque sé que ese sentimiento es doloroso y confuso. Por mucho que reprimas esa parte emocional, seguirá apareciendo, de ahí que sea tan doloroso. Nadie tiene la capacidad de controlar lo que siente, y eso puede ser muy frustrante.

Te propongo que le demos la vuelta: ¿Y si dejamos de luchar contra nuestra parte emocional y tratamos de reconciliarnos con ella y entender qué necesita?

Para que eso sea posible es extremadamente importante que entiendas que lo que sientes SIEMPRE VA A ESTAR BIEN. Puede que debas revisar qué haces con lo que sientes, pero no lo que sientes.

Si te estás juzgando a ti misma, ¿cómo vas a ser capaz de expresar tus necesidades y ponerlas sobre la mesa? ¿Cómo vas a entender qué es lo que sientes y necesitas? ¿Cómo vas a dilucidar si te parece válido, excesivo, inadecuado...?

No podrás controlar lo que sientes. Así que, en lugar de seguir dando a esa parte emocional el mismo trato que le dieron tus referentes —el rechazo—, te invito a que te relaciones con ella como necesita y se merece: desde la comprensión.

En vez de juzgar negativamente lo que sientes, acércate a ese sentimiento desde la curiosidad y el amor. ¿Cómo hacerlo? En lugar de enfadarte contigo por lo que estás sintiendo o de juzgarte negativamente con frases como «Soy demasiado sensible» o «Esto no debería afectarme», pregúntate: ¿Por qué me he sentido así? ¿De dónde ha salido este malestar repentino? ¿Cómo me siento? ¿Qué debo necesitar si siento esto?

Si te fijas, juzgarnos no nos aporta más que malestar, nos arrebata la oportunidad de aprender. En cambio, cuando nos acercamos a nuestra realidad emocional desde la curiosidad, nos entendemos mejor y aprendemos a identificar cómo nos sentimos y lo que necesitamos.

Es posible que lleves cierto tiempo arrastrando otras heridas. En el recuadro que te muestro a continuación he intentado resumir algunas de las más frecuentes, con el objetivo de acompañarte a entenderlas y a tomar conciencia de ellas y de su origen.

Si durante tu infancia...	**Es comprensible que ahora...**
Has sentido carencia en el vínculo y poca seguridad...	No te sientas valiosa ni merecedora de amor y tengas pensamientos del tipo: «Hay algo malo en mí», «No valgo nada», «No importo»... Tal vez racionalmente sepas que tus referentes te quieren, pero no lo sientes.
El vínculo con tus referentes no ha sido estable ni predecible, no han sido un pilar seguro, incluso ha habido momentos en los que has sentido desprotección...	Hayas desarrollado una coraza de autosuficiencia, de *superwoman*, de «yo solita puedo», porque sentiste que la única manera de seguir era esa: ¡tú sola y adelante con todo!
Has sentido poco afecto en la relación con tus referentes...	Te vincules intentando compensar esa carencia de amor y afecto, tendiendo a mostrar dependencia en los vínculos. Tristemente, esto puede provocar que los demás se alejen y que tu herida vuelva a abrirse, conectándote de nuevo con la soledad y despertando ese anhelo de amor.
Tuviste carencias afectivas: no te sentiste vista, valorada, querida...	Tengas una profunda sensación de soledad y vacío interno.
Sentiste inseguridad en el vínculo y eso generó una profunda sensación de desconfianza...	Tengas dificultades para vincularte desde la intimidad emocional y de manera profunda, y corras por tanto el riesgo de perpetrar esa sensación de soledad y vacío.

Si durante tu infancia...	Es comprensible que ahora...
Has tenido referentes incapaces de acompañarte a la hora de entender y regular las emociones...	Hayas introducido patrones adictivos como recurso para lidiar con el malestar emocional, ahogando tus penas.
Tus referentes han mostrado conductas adictivas para regular sus propias emociones...	Hayas introducido este comportamiento que observaste en ellos, consciente o inconscientemente.
No te dieron estabilidad ni seguridad...	Tu sistema nervioso se haya vuelto hipervigilante. Esto, de adulta, puede convertirte en alguien muy sensible a la hora de detectar cómo están los demás. Sin embargo, si alguien tiene un comportamiento errático, no es estable. Aunque una sea muy sensible y perciba pequeños cambios, no sentirá seguridad en el vínculo porque la otra persona, con su inestabilidad, no la puede ofrecer.
Recibiste pocas muestras de amor, elogios y reconocimiento de tus logros...	Se haya activado en ti una parte complaciente que te empuja a intentar satisfacer lo que crees que se espera de ti. Puede que, a pesar de tu esfuerzo, ese reconocimiento no llegue y te digas frases como «nunca soy suficiente». Pero esa carencia no habla de que tú seas o no suficiente, habla de la capacidad que tiene la otra persona de ofrecer reconocimiento y amor no condicionado.

Cierto es que la gran mayoría de las personas que acudimos a consulta y hacemos un proceso terapéutico solemos mostrar dificultades de regulación emocional. No podemos negar que venimos de generaciones en las que la parte emocional se reprimía, se consideraba una debilidad y no se acompañaba en absoluto. Por lo tanto, es esperable que la gran mayoría de las personas necesitemos aprender a regular nuestras emociones y entender que no hay nada de malo en experimentar sensaciones desagradables. El camino no es evadirnos de ese malestar, sino darle espacio y tiempo para ser digerido.

Porque, si no negamos la emoción, esta tiene un curso natural: viene y se va.

La sensación de «no sentirse a salvo» puede ser muy dolorosa, así que dale espacio. Ayudar a tu sistema nervioso a regularse y no estar hipervigilante es liberador. Las personas podemos sanar experiencias previas si nos permitimos tener otras nuevas. Sé que dar este paso a veces resulta abrumador. Si lo sientes así, pide ayuda profesional: esto se puede trabajar en terapia.

Para acabar me gustaría decirte algo más: no podemos viajar en el tiempo, hasta nuestra infancia, para desde allí ofrecernos la seguridad que nos faltó, pero sí podemos trabajar para que la adulta que somos abrace a aquella niña y construya ahora relaciones seguras tanto con ella como con los demás. ¡Te lo mereces!

Como una boya en el mar

De pequeño me solía venir una imagen a la mente. En ella me encontraba solo, flotando en medio del mar, como una boya. Y eso me producía una sensación de profundo vacío y de soledad. Así era como me sentía en casa.

Entonces creía que le pasaba lo mismo a todo el mundo. Para mí, sentirme así era algo normal. Era mi día a día.

Desde que tengo uso de razón, intento hacer las cosas a la perfección con la esperanza de enorgullecer a mi padre, Toni. Siempre he sentido que soy un estorbo para él. No sé qué hago mal, ¡presto atención a todo, hasta el más mínimo detalle! Cuando frunce el ceño, sé que le incomoda el ruido que hay en casa y no tarda más de 5 minutos en levantarse del sofá e irse a su estudio. Cuando sale a jugar al golf siempre se ata los cordones de las deportivas en el banco de la entrada, mientras tararea la Novena sinfonía de Beethoven de forma casi inaudible... Y podría seguir así, describiendo un sinfín de cosas más.

Sin embargo, por mucho que lo observe, por muchas cosas que sepa de él, nunca soy lo suficientemente interesante como para que me preste un poco de atención. Él siempre anda ocupado con sus cosas. Me apunté al club de ajedrez del pueblo para aprender a jugar y tratar así de acercarme por fin a él. Pero os seré sincero: parece que no lo conseguiré.

Realmente no me entiendo ni a mí mismo. No sé por qué pongo tanto empeño en acercarme a la persona que más malestar me genera, la persona que tiene el gran don de hacer que dude de mi propia realidad, me disculpe de cosas que ni siquiera han pasado y me pierda totalmente buscando su aprobación. ¡Es tan frío e insensible!

Cada vez que intento acercarme, lo único que consigo es sentirme como un ser diminuto y despreciable. Sí, sí, cada vez sin excepción... Es increíble: aun así no me rindo. ¿Qué me pasa?

Después de terminar mi tesis —mi mayor logro académico hasta el momento— y ser testigo de su absoluta indiferencia, ¡es momento de pedir ayuda!

No me siento bien conmigo; me siento abandonado, a la deriva. Y lo peor es que parece que a nadie le importa que esté flotando solo, que cuando suba la marea me ahogue y que las algas se me enreden entre las piernas arrastrándome hacia abajo, arrebatándome el poco oxígeno que me queda.

6. MANERAS DE SOBREVIVIR

Cuando se crece en entornos familiares donde los referentes no siempre han sido capaces de ofrecer un vínculo seguro y la inmadurez emocional está presente, las hijas e hijos responden de formas diversas a estas carencias.

Normalmente se observan dos tendencias. La primera, mostrar dificultades para asumir la responsabilidad propia, y la segunda, tender a asumir toda responsabilidad, es decir, sobrerresponsabilizarse. La diferencia entre una y la otra está en el lugar donde suele ponerse el foco o la carga de responsabilidad. Las personas que tienden a sobrerresponsabilizarse, ponen el foco en ellas y creen que cambiar las cosas es cosa suya. En cambio, a las personas que les cuesta asumir la responsabilidad ponen el foco fuera —en los otros— y esperan que sean los demás los que cambien por ellas.

Que adoptemos una u otra tendencia depende más de rasgos personalidad que de una elección consciente. Es importante recordar que ambas estrategias aparecen para intentar ser atendidas. Nacen en esa niña que trata de ser vista.

Los rasgos de personalidad no se encuentran nunca en su estado puro e inmutable: existen dentro de un *continuum*.

Y estas tendencias no son la excepción: forman parte de un amplio espectro entre cuyos extremos hay grandes diferencias. Cuando las personas con dificultades para asumir responsabilidades tocan fondo, acostumbran a sentir la necesidad de cambiar, en lugar de esperar a que el mundo cambie. Asimismo, cuando las personas que tienden a sobrerresponsabilizarse llegan a su límite debido al estrés, la demanda y el agotamiento, pueden tener respuestas impulsivas más típicas del polo opuesto. Lo ideal es poder encontrar un equilibrio entre ambas tendencias, es decir, huir de los extremos y situarnos en un punto intermedio.

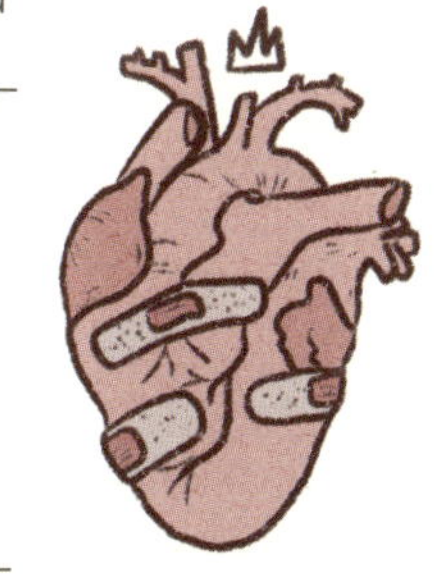

Si tiendes a sobrerresponsabilizarte estaría bien que trabajaras para aprender a compartir tu malestar y vulnerabilidad, permitiéndote pedir y recibir ayuda externa. Si, por lo contrario, te cuesta asumir la responsabilidad te irá bien poner conciencia e intención en cultivar la introspección para ganar autoconocimiento, conciencia y recuperar así autonomía. De esta manera sentirás que puedes hacer algo ante tu situación.

CUANDO TE CUESTA ASUMIR TU RESPONSABILIDAD

Las personas propensas a tener dificultades para asumir su responsabilidad acostumbran a actuar de manera impulsiva. Podríamos decir que tienden a reaccionar más que a actuar. Les cuesta mostrarse reflexivas y, más que en su conducta, buscan fuera la causa de lo que sucede. Suelen sentir y creer que hay cosas de su alrededor que deberían cambiar para que ellas estuvieran mejor. Están firmemente convencidas de que, si los demás les dieran lo que necesitan, su malestar desaparecería. Tienen la sensación de que las personas cercanas a las que validan, aquellas de las que esperan afecto, están obligadas a ayudarlas.

Les cuesta comunicar lo que necesitan y a menudo, sin darse cuenta, esperan que los demás les adivinen la mente. Tienen la sensación de que sus necesidades son muy obvias y que los demás deberían saberlas.

Su parte más reactiva es un mecanismo de defensa que han aprendido para protegerse, pero que también las aleja de aquellos que las rodean. Por tanto, es una estrategia contraproducente y poco sana tanto para su entorno como para ellas mismas.

Sus carencias afectivas puede empujarlas a tener celos y dificultades a la hora de alegrarse de los logros de los demás. Estos rasgos nacen de su malestar interno, de sus inseguridades y de su baja autoestima.

Tienen predisposición a generar vínculos desde la dependencia, a sentir que necesitan a la otra persona para mantener su estabilidad y seguridad.

Cuando deben asumir las consecuencias de alguna de sus respuestas desmedidas, sienten mucha vergüenza y suelen negar lo sucedido o excusarse. De esta manera, en lugar de preguntarse si deberían cambiar algo, no admiten su responsabilidad y entran en un círculo vicioso: respuesta impulsiva, sentimiento de vergüenza y fracaso, y, como consecuencia, más impulsividad.

El riesgo de mantenerse en este círculo es acabar reproduciendo aquello que tanto dolor les generó. Este círculo vicioso puede llevarlas a relacionarse de una manera nociva, reproduciendo dinámicas y conductas emocionalmente poco maduras y generando dolor tanto a las personas a las que quieren como a ellas mismas.

CUANDO TE SOBRERRESPONSABILIZAS

Las personas con esta tendencia tienen una gran capacidad de introspección. Suelen reflexionar y analizar su conducta para, desde ahí, poder aprender de los errores. Ponen mucha energía en entender la causa y las consecuencias de los actos propios y de los de los demás. Acostumbran a ser personas sensibles y dan una imagen de fortaleza y de capacidad de resolver las cosas por sí mismas.

El peligro que corren es que, al poner tanto el foco en ellas mismas, tienden a hacer lecturas parciales de las situaciones sobrerresponsabilizándose a sí mismas. Con frecuencia les cuesta darse cuenta de la responsabilidad que tienen los demás en esa situación. A raíz de ello, a veces se muestran complacientes en exceso y, posteriormente, al pensar que han dado demasiado sin recibir nada a cambio, se sienten mal.

Si te sientes identificada, te contaré una historia para ayudarte a tomar conciencia de los efectos adversos que puede tener sobrerresponsabilizarse.

Imagina una relación de madre e hija. La madre se llama Fina y la hija, Teresa.

Como todo el mundo, las dos tienen temas que gestionar: patrones de conducta insanos, aspectos emocionales que las atraviesan… Llamémoslo basura emocional. Cada una tiene la suya. Sé que no suena muy romántico, pero sigamos.

La basura emocional de Fina la integran desechos de cristal, de ahí que en su interior tenga un contenedor específico para ello. La basura emocional de Teresa, en cambio, está formada por restos de cartón que también deposita en su contenedor interior.

Hace tiempo que Teresa se independizó. Cada vez que visita a su madre, se la encuentra rodeada de un montón de bolsas de basura y decide coger unas cuantas para liberarla de parte de su peso. Por otro lado, de vez en cuando, cuando Fina se encuentra a su hija le pasa alguna que otra bolsa, consciente de que hasta el momento siempre las ha aceptado.

Un día, estando en su casa, Teresa se encuentra agotada y abrumada, y decide empezar a poner energía en dilucidar lo que le está sucediendo. De pronto, se da cuenta de que tiene demasiadas bolsas de basura en su interior. Con voluntad y compromiso, empieza a rebuscar hasta encontrar su propio contenedor de cartón. A continuación, coge una bolsa tras de otra, decidida a reciclarse. De repente, cae en la cuenta de que la bolsa que acaba de coger no contiene cartón sino cristal: esta no puede reciclarla. Decidida, busca dentro de sí un contenedor para cristal, pero pronto se da cuenta de que no hay ninguno. Con esas bolsas ella poco puede hacer. Esto la hace ver, por fin, que ha estado asumiendo una carga que no le correspondía.

Pero aquí no acaba la historia: ¡está pasando algo más! Fina, acostumbrada a que la liberen de sus bolsas de un modo u otro, no llega a conectar con el auténtico peso de su basura emocional. Por tanto, nunca se siente lo bastante agotada o abrumada como para decidirse a mirar en su interior y buscar su propio contenedor.

La intención de Teresa, por tanto, aunque inicialmente fuera positiva, acaba teniendo un efecto contraproducente: que Fina no asuma toda su carga y se responsabilice en encontrar la manera de reciclarse a sí misma.

Es posible que algún día Fina conecte con el cansancio y el malestar, pero que no sepa, no quiera o no pueda mirar dentro de sí para encontrar su contenedor. Si eso sucediera, nunca sería responsabilidad de Teresa.

No siempre es todo tan fácil de ver como en esta historia: la realidad siempre supera la ficción. Es común que en la vida real se despierten emociones y sentimientos que no dejen asumir ciertas cargas —basuras emocionales— ni poner límites necesarios.

Por ello considero necesario destinar aquí un espacio donde hablar del sentimiento de CULPA. Si te preguntas por qué, te diré que en consulta me encuentro a menudo con que la culpa es un impedimento a la hora de dejar de asumir basura emocional de otras personas. Me parece muy importante que conozcas la culpa de cerca para evitar que sea ella y no tú la que decida cómo gestionar ciertas situaciones.

Aprendiendo a diferenciar la culpa sana de la insana

La culpa es un sentimiento y, como tal, no es mala: es necesaria. Aunque nos genere sensaciones desagradables, es sano que sintamos culpa porque sin ella no podríamos identificar errores ni arrepentirnos de verdad. La complejidad de este sentimiento radica en que a veces es adaptativo y otras no. Es decir, hay una culpa sana y otra insana.

Aprendamos a diferenciarlas. La culpa sana es la que aparece cuando hemos cometido un error. Al conectar con ese error se activa y nos da energía para subsanar el malestar que hayamos causado, en el caso de que se pueda.

En ocasiones, sin embargo, ese error no es reparable. En esos casos hay que tratar de conectar con el aprendizaje e intentar no fustigarse.

Conectar con el aprendizaje que nos llevamos de ese error cometido y comprometernos con nosotras mismas a no repetirlo en un futuro es la manera de ir regulando este sentimiento y no caer en la autoflagelación.

Bien, hasta aquí hemos visto lo que es la culpa sana. Pero ¿cuál es la insana? La que se genera cuando asumimos culpa que no nos pertenece.

¿Qué papel desempeña la culpa en nuestras relaciones?

Es bien sabido que la culpa paraliza. Quien se siente culpable no se defiende.

A veces, en las relaciones —familiares, de pareja, de amistad— se instrumentaliza la culpa. ¿Qué quiero decir con eso? Que, de manera más o menos consciente, se utiliza la culpa para conseguir ciertos fines.

Cuando uno de los miembros de una relación hace sentir al otro 100 % responsable de lo sucedido, acostumbra a ser en su beneficio, pues se libra de asumir su parte de responsabilidad.

Ante personas que utilizan la culpa a su favor, acostumbramos a pensar: «No sé cómo lo hace, pero siempre acaba dándole la vuelta a la tortilla», «Cuando hablo con él/ella, me pierdo y acabo sintiéndome mal», «Siempre pongo en duda mi realidad al hablar con él/ella».

¿Qué estrategias comunicativas emplean estas personas a la hora de expresarse? Te las voy a explicar para que puedas identificarlas cuando alguien te haga dudar de ti:

1. Información selectiva: Observa si construye sus argumentos escogiendo información sesgada a su favor, si ante un acontecimiento selecciona partes específicas, aislando el resto de la información o manipulando parte de los acontecimientos restantes para justificar sus argumentos.
2. Momento dramático: Fíjate si en sus argumentos hay partes magnificadas, si exagera ciertas cosas o las remarca de manera repetitiva para adoptar un rol de víctima y así activar malestar en ti.
3. Generalización: Presta atención a si selecciona hechos aislados y los utiliza como si fueran frecuentes; es decir, si respalda su malestar utilizando algo excepcional como si sucediera de forma habitual y repetitiva.
4. Atribución de intención: Analiza si en su diálogo te atribuye una intencionalidad que no sientes que sea real. Por ejemplo, podría achacarte haber hecho cosas adrede o con mala intención, buscando generar malestar. Puede que te acuse de actuar con una intención oculta que no encaja con tu realidad.

Estas son algunas de las estrategias invisibles que a menudo se activan para manipular la información con la intención de que alguien acabe sintiendo que tiene la culpa sobre algo en concreto.

Si te fijas, estas estrategias no dejan espacio al reconocimiento de la propia responsabilidad ni a la lectura bidireccional de los sucesos.

Así que, si ante una situación alguien no asume su responsabilidad, ¡revisa! No des por sentados sus argumentos ni aceptes su verdad como absoluta. Para, respira e intenta conectar contigo, para ver si su verdad encaja con la tuya.

Cuando te sientas culpable, te invito a hacer esto:

1. Pregúntate si esa culpabilidad nace de un error, de algo que has hecho mal.
2. Date tiempo para discernir si se trata de culpa sana o insana. En el caso de que sea sana, haz lo que consideres conveniente para remediar el error. Por ejemplo, puedes tratar de asumir tu responsabilidad y disculparte. Si el error no se puede reparar, toma conciencia del aprendizaje que quieres llevarte de esa situación y comprométete contigo a gestionarlo de otro modo en un futuro. También puedes preguntarte: «Con lo aprendido, ¿cómo actuaría ahora si volviera a suceder algo parecido?».
3. Si la culpa que sientes es insana, toma algo de distancia con la persona que ha contribuido a activar ese sentimiento en ti. Date espacio para escribir y resituarte o para hablarlo con alguien de confianza que te ayude a volver a conectar contigo. A continuación, al recuperar tu propio centro, valora qué necesitas hacer al respecto validando el origen de lo que te sucede.

Chica buena y «sensiblera»

Soy una chica buena: me voy a dormir temprano, hago deporte, me como las verduras... De hecho, a mis treinta años, no solo soy buena sino también una sensiblera... y lo odio.

En un intento reciente por inventar una versión nueva y valiente de mí misma, fui capaz de comentarle por primera vez a mi padre, Marcos, que estaba preocupada por su salud y su consumo de alcohol. Algo debía cambiar. Yo sentía que debía cambiar.

Me llamo Carla, trabajo en una gran multinacional farmacéutica y, con veintiséis años, me independicé con mi pareja, Julia. Julia es hogar y paz para mí, pero cuando estoy en casa de mis padres suelo apagarme, paso vergüenza, dejo de ser yo, de tener voz, y mi cuerpo se tensa y se pone en alerta. No es un lugar seguro para mí.

Hace ya años que dejé de ser y de sentirme la hija perfecta. Ahora siento culpa cuando me miran. No siento que me quieran tal y como soy, y, por muy niña buena que me esfuerce en ser, nunca es suficiente y siento que ya no volveré a ser la hija perfecta.

Seguramente, todo debe de remontarse a mucho antes de lo que soy consciente, pero para mí el desencadenante fue hace seis meses. El miércoles en el que, después de tres años ocultándolo, reuní el valor de decirles a mis padres que mi pareja se llamaba Julia y que me gustaría que la conocieran.

Mi madre puso cara de horror, se dejó caer en la butaca del comedor, y empezaron a brotar lágrimas de sus verdes ojos... Seguidamente, dijo: «¡No puede ser! ¡¿Qué hemos hecho mal?!».

Nunca olvidaré esa frase. ¡Me desmonté! Una vez más, oportuna como siempre, mi parte «sensiblera» salió a relucir. Mis ojos se encharcaron y mi respiración empezó a entrecortarse. Sentí como si una espada me atravesara el pecho y un dolor punzante tan intenso que me dobló por la mitad. Me empecé a marear, perdí la visión...

Luego recuerdo a mi madre sacudiéndome mientras me decía: «Ya estás otra vez. ¡Si es que siempre tan sensible, hija! Ve a que te dé un poco el aire y aquí no ha pasado nada».

Enseguida, de manera instintiva, como si fuera un cachorro indefenso, busqué la mirada de mi padre, esperando recibir ahí algo de amor y aprobación. En lugar de eso, encontré a ese hombre del que tan poco sé, cogiendo una vez más su copa de vino tinto a rebosar y bebiéndosela de un trago. Después, silencio. ¡No dijo nada! ¡Na-da!

7. ¿CÓMO APRENDISTE A VINCULARTE?

En este apartado me gustaría hablar de cómo nos vinculamos. Para ello empezaremos desde el principio. Yo siempre me imagino el vínculo como una cuerdecita que sale de nosotros y nos conecta con aquellas personas importantes con las que tenemos relación.

La forma de gestionar ese cordoncito y de establecer ese vínculo es lo que en psicología llamamos APEGO. Te suena, ¿verdad? Es un tema del que se ha hablado muchísimo por redes. Aquí lo presentaré tal y como lo trabajo en sesiones, con el deseo de que puedas entenderlo mejor.

> Antes que nada, me gustaría que entendieras que el apego no es algo que seamos ni tengamos de manera fija.

Hay personas que inician el proceso diciendo: «Soy ansiosa. Tengo apego ansioso». Esto no es así. Podemos trabajar para ganar autoconocimiento e identificar nuestra tendencia de apego.

Por suerte, el apego se modifica con un buen trabajo y escogiendo con acierto quién nos acompaña. Es posible trabajar para posicionarse en un punto intermedio: un apego seguro.

Soy una gran defensora de la posición que defiende que las características de nuestra personalidad no son fijas e inmutables, sino que se encuentran en un *continuum*. El apego no es una excepción.

Te invito a imaginarlo como en una larga línea en uno de cuyos extremos está el apego ansioso y, en el otro, el apego evitativo. En el punto medio se encontraría el apego seguro, y el desorganizado sería como una bolita que va saltando de un lado a otro...

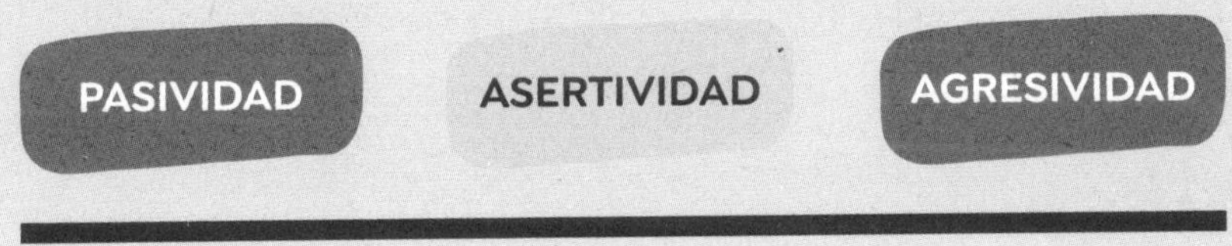

Algunas personas, para sentirse seguras en el vínculo, necesitan gestionar esa cuerdecita recogiéndola para sentir a los demás cerca. Otras personas, en cambio, necesitan ir soltando cuerda para dejar espacio y así sentirse seguras... Enseguida hablaremos de estas tendencias, pero antes querría aclarar que la manera en que gestionas la cuerdecita puede depender de tu momento vital, de lo segura o no que te sientas con la cuerda, de la persona con la que compartas...

APEGO ANSIOSO

Si alguno de tus referentes mostraba conductas poco predecibles y cambiaba sin motivo aparente la actitud que tenía contigo, podrías haber desarrollado esta tendencia de apego. Este tipo de comportamientos inducen a sentir que la cuerdecita es poco segura, como si en algún momento pudiera llegar a romperse. La impredecibilidad genera inseguridad en el vínculo.

Es posible que, de peque, al tratar de entender esa imprevisibilidad, se activara en ti un estado de hipervigilancia con la finalidad de detectar cualquier cambio, por nimio que fuera, que te ayudara a determinar cómo estaba ese referente y que podía ofrecerte.

Por lo tanto, cuando tu referente se encontraba en un estado de ánimo moroso y presente, esa niña tenía ganas de aferrarse a él —como si de una «lapita» se tratase—, de acortar al máximo esa cuerdecita para asegurarse de tenerlo cerca para siempre. Al fin y al cabo, la ausencia de ese referente la conectaba con un miedo profundo —el miedo al abandono—, porque sabía cómo se iba, pero no cómo volvería.

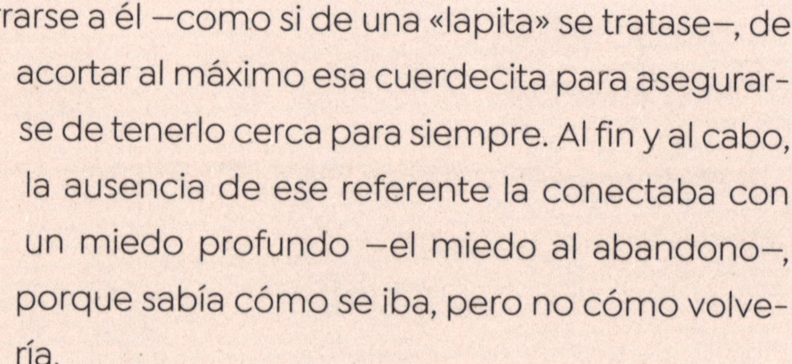

Conectar con el miedo al abandono no implica que haya habido necesariamente un abandono físico; a menudo, se siente un abandono emocional. Lo experimentamos cuando dejamos de percibir que nuestros referentes son sensibles a lo que sentimos y necesitamos y/o cuando no sentimos que nos quieren, nos valoran, nos ven. Por tanto, al tener la sensación de que esa cuerdecita es frágil, y sufrir además ansiedad ante la sola idea de que pueda romperse, haces todo lo posible para evitar lo que temes: ser abandonada. Y entonces empiezas a dejar atrás lo que sientes —considerándolo no válido— y lo que necesitas —considerándolo excesivo—, y centras tu atención, casi de manera exclusiva, en lo que necesita la otra persona con la esperanza de intentar garantizar así que no se vaya.

Y entonces, al intentar con tanto ahínco que no te abandonen, corres el riesgo de acabar abandonándote a ti misma.

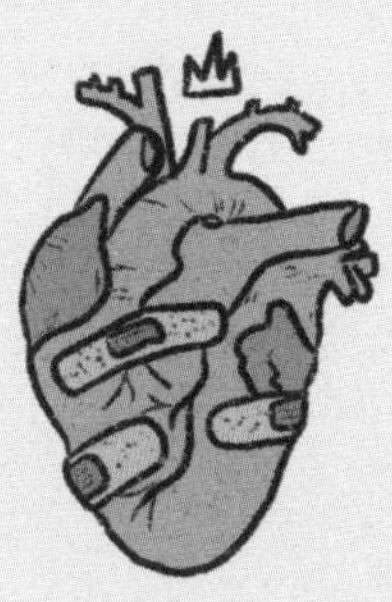

APEGO EVITATIVO

Si tus referentes sí eran predecibles, pero NO sensibles a tus necesidades emocionales, puedes haber desarrollado esta tendencia de apego. Tal vez fueran referentes que cubrían tus necesidades materiales (te alimentaban, te ofrecían un hogar...), pero se mostraban distantes e impasibles cuando expresabas tus sentimientos. Es incluso posible que, al mostrar tu malestar, lo relativizaran y te hicieran sentir mal por mostrarte así.

Si al leer esto te sientes identificada, es probable que hayas crecido desconectada de tus emociones, con la sensación de que el mundo emocional te hace débil y vulnerable.

Habrás hecho este aprendizaje si, de peque, cuando las emociones te invadían, tus referentes no se mostraban disponibles y no te ayudaban a entender y acoger aquello que sentías. ¿Cómo no generar rechazo ante la parte emocional si cuando te emocionas tus referentes se muestran impasibles o se distancian de ti?

Es entonces cuando se apuesta por negar lo emocional y se aprende que la manera de gestionar las emociones es desactivándose. En este caso, cuando percibes que la cuerdecita es frágil y sientes inseguridad en el vínculo, tu manera de gestionarte es buscar distancia y autonomía.

> Tiendes a dejar cuerda para que haya más distancia y, así, sentir que corres menos peligro de que se descubran tu vulnerabilidad y tu mundo emocional. La distancia te aporta seguridad, pues te protege del miedo que sientes a que te rechacen si descubren ese mundo emocional que has enterrado bajo tierra.
>
> Sin embargo, aunque pueda parecer contradictorio, tienes un gran anhelo y deseo de conectar y sentir, pero la intimidad te aterra.

Es normal esa incoherencia interna. Nadie te ha enseñado a conectar con tus emociones, a validarlas, a escucharlas y compartirlas; sin embargo, es importante que lo trabajes para así ir reparando esa experiencia y tomar conciencia de que hay personas que no rechazarán ese mundo emocional.

Para poder hacerlo, antes debes aprender a entender tu mundo emocional. Al vivir tanto tiempo desconectada de él, puede que te resulte abrumador dar espacio a tus emociones, pero son la clave para entender qué te pasa y saber lo que necesitas. Una vez que te entiendas, te será mucho más fácil comunicarlo a los demás.

Cuando tu tendencia de apego es evitativa, es normal que te cueste mucho mostrarte vulnerable. Es común que las críticas te conecten de manera directa con el rechazo que sentiste cuando ignoraban y negaban tus necesidades emocionales.

Por eso aislarte, distanciarte, marcharte, dejar de hablar.... hayan sido las estrategias a las que has recurrido para recuperar algo de seguridad. En realidad, sin embargo, han ido generando cada vez más inseguridad en la cuerdecita, en el vínculo.

Es muy probable que dejar de huir te haga sentir muy insegura, ya que significa exponerte a sentir. Por ello, tu necesidad de espacio es válida, pero no debemos permitir que eclipse otras necesidades o que monopolice las dinámicas de la relación. Puedes permitirte ese espacio para resituarte, entenderte y después poder expresarte, pero no es sano —ni para ti, ni para las personas con las que te relaciones, ni tampoco para el vínculo— continuar utilizando ese espacio para evadirte y dejar los conflictos sin resolver.

Si profundizamos, es posible que descubramos que esa necesidad de espacio esconde otras, como expresar algún malestar o poner ciertos límites.

> Si te sientes identificada con esto, te abrazo muy fuerte. El objetivo es construir una cuerdecita más segura mediante estrategias más adaptativas que la huida.
>
> Por ello te animo a coger fuerza, respirar y probar un nuevo camino:
>
> 1. Atrévete a comunicar lo que sientes, paso a paso. Cuando algo te moleste no lo dejes pasar: exprésalo y pon límites. De lo contrario, se acumulará y generará un malestar mayor. Puedes empezar con cosas que te resulten un poco más fáciles e ir aumentando el riesgo a medida que vayas ganando seguridad. Por ejemplo, co-

mienza reconociendo cosas que valores como positivas o que te hagan sentir bien: «Esto que hiciste me gustó, me hizo sentir bien». Después puedes aumentar el grado de dificultad atreviéndote a comunicar cosas que te han molestado o que no te gustaría que se repitieran: «Cuando me interrumpes en las conversaciones me haces sentir mal. ¿Podrías intentar hacerlo menos?».

2. Comparte las cosas que estás intentando hacer de manera diferente. Esto ayudará a los dos miembros de la relación a ser conscientes de ello y valorarlo.
3. Comprométete a hablar de esos temas sobre los que pediste tiempo. Esto ayudará a la otra persona a confiar en ti y en tu predisposición a la hora de abordar temas importantes. Asimismo, generará una nueva dinámica con la que a la otra persona le resultará más sostenible poder ofrecerte el espacio que necesitas.

APEGO DESORGANIZADO

Es posible que hayas desarrollado esta tendencia si tus referentes te hicieron sentir insegura de pequeña y si creciste pensando que el mundo es un lugar hostil y que las relaciones son una amenaza.

De ser así, te sentirás insegura con la conexión emocional, pero, a la vez, desearás tenerla. Esta dualidad interna te lleva a mostrarte inconsistente, a combinar actitudes de cercanía con otras evitativas. En ocasiones, tirarás de la cuerdecita para acercarte a los demás y, otras veces, la soltarás para ganar distancia.

Las personas con esta tendencia acostumbran a tener miedo a la traición, de ahí que se mantengan siempre a la defensiva. El problema es que, con esta actitud, es fácil ver ataques donde no los hay y que te defiendas cuando no es necesario.

Para no reaccionar de forma desmesurada ante ciertas situaciones, te invito a hacer lo siguiente:

1. Tómate unos segundos, respira y, antes de reaccionar, pregúntate: ¿es real este peligro?
2. En lugar de criticar a la otra persona y menospreciarla mentalmente, trata de coger boli y papel y responde a estas preguntas: ¿cómo te sientes?, ¿qué cosas te han hecho sentir así?... Intenta dar forma a lo que te ha generado malestar.
3. Después de los pasos anteriores, ¿continúas viéndolo igual? Te invito a tomarte un rato, cambiar de estancia, dar un paseo... Cuando haya pasado ese tiempo, revisa lo que has escrito, reajusta lo que creas haber magnificado por la emoción —si así lo sientes— y estructura lo escrito en forma de posible diálogo. Se trata de reproducir una posible conversación con esa persona en la que le expreses cómo te has sentido y qué necesitas pedirle en consecuencia.

Quizá tiendas a vivir relaciones de amor-odio, a navegar internamente entre sensaciones de idealización y emociones de rechazo profundo hacia la misma persona. Es posible, por ejemplo, que te enfoques solo en sus defectos y, en tu fuero interno, emplees palabras despectivas para referirte a ella...

De la misma manera que tu mente te conecta con sensaciones de profundo rechazo hacia las personas con las que te vinculas, es frecuente que haga lo mismo hacia ti. Tal vez tu mente tienda a criticarte con dureza dirigiéndote comentarios como estos: «Es que eres una inútil. ¡Normal que no te quieran!» o «Siempre acabas arruinándolo todo».

> Por ello es tan importante que consigas identificar a esa jueza interna que todas tenemos y la pongas en su sitio cuando se esté pasando de la raya. ¿Cómo?
>
> 1. Distánciate de esos pensamientos injustos, invalidantes, despectivos y nocivos hacia ti misma.
> 2. ¡Cuestiónalos! Pregúntate si estás haciendo una lectura justa de la situación en ese momento. ¿Tienes en cuenta la responsabilidad de la otra persona ante la situación? ¿O estás cargando tú con todo?
> 3. Pon intención y cariño en reconstruir ese diálogo. Cambia esos pensamientos tan poco justos por algunos que resuenen contigo. Por ejemplo:
>   - Mis necesidades son igual de importantes que las de los demás; ni más ni menos, igual de importantes.
>   - Merezco que me quieran bien y querer bien.
>   - Puedo tener relaciones sanas y seguras.

Querida lectora:

Tras el apartado del apego, quizá tengas la sensación de conocer la teoría, pero no saber cómo aplicarla. No te preocupes: es normal.

Puede que, aun habiendo leído todo esto, tu manera de vincularte no cambie y siga siendo poco segura...

Conseguir revertir eso requiere trabajo y tiempo, porque nadie nos ha enseñado a relacionarnos así.

En consulta comento que hacer estos cambios es como aprender a caminar. Al principio puede que seas torpe, que empieces gateando y que, aunque de vez en cuando te sostengas, acabes cayendo... No pasa nada, mi objetivo es poder ofrecerte algo de claridad y conciencia para que te sientas preparada para hacer pequeños cambios.

Y si tienes la sensación de que esos cambios se quedan cortos, que necesitas a alguien que te sujete de la mano mientras caminas, es normal, te entiendo y me gustaría decirte que está bien que contemples la posibilidad de pedir ayuda profesional.

Como una vela sin llama

Llevo rato intentando escribir, pero la falta de glucosa en sangre —hace horas que se me ha cerrado el estómago— ha hecho mermar mi capacidad para la prosa. No obstante, debo escribir porque tengo una fecha límite, y es realmente inminente. Quiero presentarme a un concurso literario de una gran editorial y no quedan muchos días para que finalicen las inscripciones y entregas de manuscritos.

En mi casa nunca se formulan preguntas sobre cómo nos sentimos y, cuando se se hace, siempre quedan sin respuesta.

Mientras mi madre se autonombra «la examinadora», visiblemente orgullosa, a mí se me ocurren para ella otros muchos nombres no tan agradables: «la controladora», «la tirana», «la sabelotodo».

Ella siempre con sus ideas claras sobre lo que espera y quiere de mí. Y yo intentando moldearme para encajar a la perfección en sus proyecciones del «Raúl perfecto», desde que tengo uso de razón. Pero, si te soy sincero, estoy realmente agotado. O más bien me siento apagado y desconectado, como si en mi interior hubiera una vela que se ha quedado sin llama. No puedo más, no quiero esto para mí.

Esta tarde, hace tan solo cuatro horas, cuando, después del gimnasio, me dirigía agotado a mi habitación para seguir estudiando para las oposiciones de derecho y continuar con el desenlace de la novela que estoy escribiendo, mi madre me ha cortado el paso y me ha vuelto a sacar uno de sus temas estrella: ha cuestionado de nuevo mi asistencia a las clases de escritura.

Esta vez, no obstante, no he podido reprimirme más y, sintiéndome valiente, le he contestado, entre dientes, de manera casi inaudible..., que no me deja ser quien soy y tampoco me acepta. Y, por culpa de eso, estar con ella me resulta extremadamente sofocante, ¡me ahoga!

A mis treinta y tres años no quiero que continúe opinando sobre cada una de las decisiones que tomo en mi vida. ¿Y qué puedo hacer al respecto? La respuesta a esta pregunta es lo que llevo tiempo trabajando con mi psicóloga en las sesiones de terapia.

8. ¿QUÉ ROL ASUMISTE EN CASA?

Es probable que, en tu infancia, ante las demandas familiares, sintieras que tu verdadero yo no era suficiente para ser aceptado o para despertar interés. Como respuesta, de manera inconsciente, puede que desarrollaras un rol, una personificación de alguien distinto a quien eras en realidad, pero que te parecía más aceptable.

El verdadero yo siempre está ahí. A veces, se encuentra en el corazón del rol, oculto bajo múltiples capas, como en una matrioska. Todas esas capas se levantan a partir de lo que crees que esperan de ti, de las normas familiares, de las demandas que se hacen..., y el rol consigue que pongas por delante de las tuyas las necesidades de ciertos miembros de la familia.

El rol te hace sentir segura en el núcleo familiar; sientes que cumples una función dentro del sistema.

Es importante entender que el rol se asume de forma inconsciente. Nadie lo decide de manera deliberada. Sucede poco a poco, sin darnos cuenta, al sentir que es la mejor manera de actuar para que nos acepten. Y, como quien no quiere la cosa, ese rol nos va acompañando, siguiéndonos incluso en nuestra vida adulta.

Cuando se identifica el rol que se ha asumido en la familia, se hace más fácil entender el porqué de ciertas demandas y la razón por las que se aceptaron. Ahora, como adulta, ha llegado el momento de cuestionarlo para poder empezar a actuar desde tu persona y dar paso a lo que necesitas. El objetivo no es poner tus necesidades por encima de las de tu familia, sino al mismo nivel, encontrando así un equilibrio que te permita sentirte más libre y en paz, y recuperar parte de tu bienestar emocional.

Para ayudarte a que lo consigas, quiero invitarte a que te tomes unos minutos para hacerte las siguientes preguntas:

¿Qué rol familiar estás asumiendo?

¿Hay alguna persona de la familia que lo demande de manera clara e insistente?

¿Qué deberes acompañan ese rol?

¿Tienes derechos ese rol? ¿Te los permites?

A menudo, los roles familiares están cargados de deberes: escuchar, cuidar, atender, estar presente... En cambio, tienen muy pocos derechos, ya que no contemplan el plano de las necesidades propias. Cuando en terapia nos adentramos en ellos, las personas se dan cuenta que el rol las ahoga. No les permite darse lo que verdaderamente necesitan.

Desempeñar un papel es agotador: requiere un gran esfuerzo ser quien no somos y, a la larga, es insostenible. Nunca podemos ocultar del todo nuestras verdaderas necesidades; tarde o temprano, acaban aflorando. Cuando tomas conciencia del rol —el primer paso— y trabajas para dejar de personificarlo, empiezas a vivir desde quien realmente eres y esto te permite avanzar y establecer relaciones más sanas y conscientes.

Uno de los factores que nos impide dejar de representar el rol es creer que atender lo que necesitamos nos convierte en egoístas o en malas personas. Nada más lejos de la realidad: hay que empezar a entender que respetar lo que necesitamos es cuidarnos y eso nos permitirá establecer relaciones desde la libertad y adoptar una posición equitativa y justa.

Si te sientes identificada con lo que estás leyendo, me gustaría decirte que el mismo derecho que tienen los demás de que los cuides, lo tienes tú de cuidarte a ti misma. Poner límites para protegerte, respetarte y cuidarte no será nunca una muestra de egoísmo ni una agresión.

Si esto te cuesta mucho, no te preocupes, te entiendo y te abrazo. Y quiero decirte que no tienes por qué relacionarte siempre desde ahí. Puedes trabajarlo en terapia. A menudo, dejarnos acompañar por una profesional nos ayuda a recuperar nuestro bienestar de una manera más directa y rápida que si decidimos hacerlo todo solas.

Castillos en el aire

A las 6.30 de la mañana, hora excepcional en mí, me estaba secando el pelo. La ansiedad no me había dejado dormir. Imagino que mi cuerpo estaba preparándose para aceptar el desenlace de la muerte de la relación con mi madre. El último clavo en el ataúd había llegado la tarde anterior, cuando, después de un periodo de efusivo amor por mensajes, le había comentado que me hacía ilusión que viniera a verme el día de mi veinticinco cumpleaños. Ella no respondió.

Aquella mañana, sin siquiera saberlo, inicié un viaje turbulento por las diferentes etapas del duelo. No era el primero de sus vaivenes. Cada vez que mi madre reaparecía con promesas de cambio, yo caía sin paracaídas en sus fantasías. Imaginaba que regresaría y que por fin podríamos vivir con ella. Soñaba con poder disfrutar de nuestros abuelos —que lo han dado todo por nosotros—, pero también con que ella estuviera a mi lado.

Desde pequeña me he sentido algo rara. Sé que mis abuelos me quieren mucho, pero... ¿cómo explicarle a una niña que su madre la ha dejado con sus abuelos para irse a vivir aventuras con su pareja? ¿Cómo se integra tal abandono con algo de dignidad?

La verdad es que era imposible que en tantas horas no hubiera visto el mensaje. ¿Se le habría caído el teléfono en el váter? ¿Se lo habrían robado? Cualquiera de esas opciones era reconfortante. Abrí WhatsApp de nuevo y fui a la conversación. Ahí estaba, a las 16.02: «Hola, mamá. Qué ilusión llevar unos días hablando contigo por aquí. He pensado que me gustaría que vinieras por mi cumpleaños. Lo he hablado con la abuela Dolores y le parece bien. ¿Cómo lo verías?».

¿Tan difícil era responderme? Sus silencios eran realmente dolorosos. Cada vez que me abría a ella ahí estaba su ausencia, como un puñado de semillas que germinaban en mi interior, echando raíces por todo mi cuerpo hasta terminar estrangulándome el corazón.

En cada una de las recaídas, mi abuela siempre estaba ahí para acunarme. Pero esta vez me acuné yo misma: no quería preocuparla. Cada vez que me pasaba algo con mi madre, a ella se le partía el corazón y me decía: «Bárbara, cariño, ojalá pudieras verte con mis ojos. Eres una muchacha increíble y muy muy fuerte. No dejes que esto te afecte, tesoro».

Después de desayunar, vi que ya había amanecido. La vida no es eterna y estoy cansada de ir mendigando el amor de mi madre... Debo aprender a dejar de construir castillos en el aire.

9. ¿SUEÑAS CON EL CAMBIO?

En consulta, a menudo me encuentro con el deseo interno de que los referentes CAMBIEN.

Todas nos hemos podido aferrar a la idea de, algún día, llegar a tener al referente que nos habría gustado.

> Es muy natural conectar con ello. Toda/o niña/o con carencias emocionales se refugia en la fantasía de que algún día tendrá aquello que necesita, que algún día esa persona a la que quiere cambiará.

Puede que en tu inconsciente se haya ido elaborando una especie de relato lleno de sueños y esperanzas sobre lo que un día podría hacerte feliz de verdad. Es fácil que, a raíz de ello, acabes creyendo que la clave para eliminar tu dolor está en hallar la manera de que los demás cambien o de que tú cambies.

Ese relato interno lleno de esperanzas sigue siempre una misma estructura: son pensamientos formulados en condicional. Empiezan todos por «Si...». Por ejemplo: «Si empezara terapia...», «Si dejara de beber...», «Si pudiera salir de sí mismo...».

Ahora me gustaría pedirte que cojas aire, respires e intentes hacer lo siguiente (siempre y cuando creas que es tu momento y que puede irte bien): pregúntate a qué sueños de cambio te aferras. Una vez que los tengas identificados, intenta hacer una lista.

____

____

____

____

____

____

____

____

____

____

Ahora me gustaría invitarte a profundizar un poco más. Trata de identificar en la actualidad, por un lado, algún condicionante que se sume a esa esperanza, y, por el otro, el efecto que crees que podría tener si se cumpliese. Te pondré algunos ejemplos para que sea más fácil de entender.

– Si mi padre dejara de beber, sería más agradable conmigo (condicionante) y yo me sentiría más valorada (efecto si se cumpliese el sueño de cambio).
– Si fuese a terapia, podría reconocer sus errores (condicionante) y nos sentiríamos más cerca (efecto si se cumpliese el sueño de cambio).

Ahora te pido que añadas tus condicionantes y sus efectos en los sueños de cambio anteriormente identificados.

____

____

____

____

____

____

____

____

____

____

Mantener estos sueños de cambio ha sido una de tus estrategias hasta el momento y puede que te haya dado fuerzas para seguir.

Llegadas a este punto, es importante que te detengas un momento y consideres lo siguiente: en lugar de aferrarte a esos sueños de cambio, puede que lo sano sea hacer un duelo. SÍ, sí, un DUELO. El duelo que te propongo no va ligado a la ausencia-muerte de ese referente, sino a lo que sientes que no tuviste y perdiste. Es necesario conectar con aquello que sentiste que te faltó en tu infancia, reconocer aquello que sintió esa niña, y las carencias y problemas que vives en tu presente como adulta a causa de ello.

Para permitirte el duelo y conectar con la pérdida y la tristeza que provoca es importante dejar ir esos sueños de cambio no realistas. Porque parte de lo que debemos soltar es la fantasía de ese referente anhelado, para aceptar el que realmente tenemos.

¿Durante cuánto tiempo has anhelado la existencia de esa persona sensible, estable, predecible y segura? ¿Cuántas respuestas suficientemente positivas te han empujado a mantener activa esa esperanza de cambio, a pesar de que la realidad y la experiencia sostenida en el tiempo demostraran lo contrario?

Quizá lleves tiempo preguntándote cuánto más puede afectarte tu pasado, pero tengo la certeza de que hasta que no lo procesamos, no nos sentimos preparadas para soltarlo.

Si te concedes un tiempo para pensar, sé que sentirás que permitirte el duelo de esa ausencia es el paso previo a ACEPTARLA.

Hacer ese duelo supone aceptar la realidad, soltar esos sueños de cambio y reconocer las limitaciones, incapacidades y carencias reales. Quizá al principio resulte abrumador, puede que lleves tiempo queriendo huir de ello, pero, si aceptas este dolor y transitas el duelo, te aseguro que sentirás un gran alivio y paz.

Para cerrar este apartado, me gustaría invitarte a escribir de nuevo una carta, esta vez dirigida a ese referente en el que has estado pensando durante la lectura. En ella quiero que le expreses todo lo que sientes haber perdido en vuestra relación.

(Recuerda que a veces sentimos la pérdida de cosas que no hemos llegado a tener nunca. No te juzgues si conectas con ello; está bien que le des espacio, si así lo sientes.)

No pongas filtros: salga lo que salga, estará bien. Te abrazo bien fuerte.

Si sientes que te cuesta expresar esas pérdidas con palabras, podemos ponernos creativas y representarlas con un dibujo, buscando una fotografía o con la letra de una canción... Utiliza todo lo que te ayude a expresarlo de alguna manera.

Lo importante no es el resultado creativo, sino hacer el ejercicio de trasladar aquello que sientes haber perdido.

Escribe aquí tu carta

Tercera parte

SANANDO NUESTRA HISTORIA

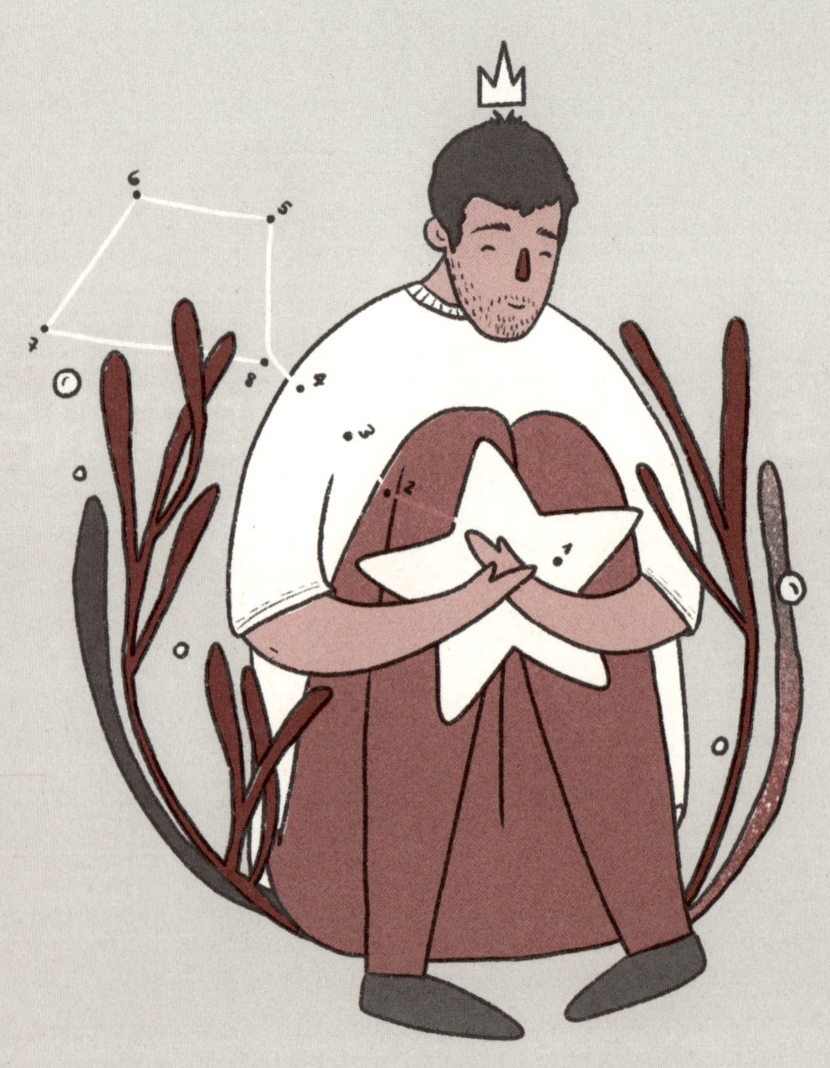

Si unes los puntos

¿Te acuerdas de esos misteriosos dibujos llenos de números? ¿Los recuerdas? Esos en los que al unir los puntos con un trazo descubrías lo que escondían.

Mi vida ha sido algo parecido, pero me ha costado entenderlo y tratarme bien en el camino. A menudo me culpaba por las piedras que me encontraba. Me culpaba por la relación que tenía con mi padre, Toni.

He mantenido muchas conversaciones con él en las que le contaba cómo me sentía, pero él continuaba —y continúa— encerrado en su castillo amurallado. He necesitado hacer cientos de asaltos para llegar a aceptar que no podré penetrar sus murallas.

Sin embargo, he entendido que todas las piedras eran imprescindibles. Cada contratiempo en el camino era una parte indispensable del recorrido, a pesar del desconcierto que sentía a veces en el siguiente paso. En ocasiones tenemos la sensación de que caminamos sin saber hacia dónde vamos, pero al tomar perspectiva comprendemos que, en realidad, todo lo vivido nos ha llevado donde estamos.

Ahora siento paz, no necesito batallar más. Mi sentimiento de suficiencia no está condicionado a su mirada. Mi valía es mía y he encontrado muchos otros ojos que me miran con orgullo.

Mi tesis me ha permitido trabajar en lo que me apasiona: la docencia universitaria. Vivo feliz con mi pareja y he dejado de tratar de complacer a mi padre y conectar con él, para empezar a conectar conmigo y valorar lo que hago.

Haber seguido esa línea de puntos me ha permitido llegar donde estoy. Porque, si unes todos los puntos, si no te rindes, puedes distanciarte, aprender del camino trazado y encontrarte.

10. SANANDO EL VÍNCULO PARA QUE TU PASADO NO CONDICIONE TU FUTURO

Revisar el pasado, observarlo y hablar de él nos ayuda a entendernos y a ver de dónde venimos y dónde estamos. Esto es importante para tomar conciencia de que las relaciones familiares que estableces no han surgido de la nada: son fruto de cargas y herencias familiares pasadas y de dinámicas que se han ido instaurando con el tiempo.

Afrontar y digerir realidades del pasado que a menudo son dolorosas nos permite abrir las puertas de manera sana al presente y al futuro, puesto que todo lo que nos ha sucedido nos duele y nos pesa menos cuando lo hemos procesado.

Te mereces trabajar en ti para estar en paz con los aspectos tanto positivos como negativos de tu pasado.

Te mereces tener un lugar seguro en el que dejar de eludir la realidad.

Porque sanar heridas emocionales te permitirá dejar de repetir el pasado.

En este capítulo me gustaría cogerte de la mano para empezar a trazar el camino hacia la sanación del vínculo con tus referentes.

CONSTRUYENDO A LA OBSERVADORA QUE LLEVAS DENTRO

En las familias con referentes que muestran inmadurez emocional aparecen patrones relacionales desadaptativos que, a menudo, conducen a negar la verdadera identidad de los hijos y las hijas dentro del sistema.

Adoptar la posición de observadora permite generar distancia emocional ante la situación y encontrar un lugar seguro en el que situarse fuera de las dinámicas insanas. Veamos cómo construir en ti esa observadora.

Para empezar, te propongo que cuando alguna de las interacciones te cause malestar recurras a ejercicios de respiración que te permitan tomar un poco de distancia en ese momento.

Compartiré contigo estrategias concretas para que puedas utilizarlas siempre que las necesites. Las dos primeras son ejercicios de respiración que pueden ayudarte.

RESPIRACIÓN CUADRADA (BOX BREATHING)

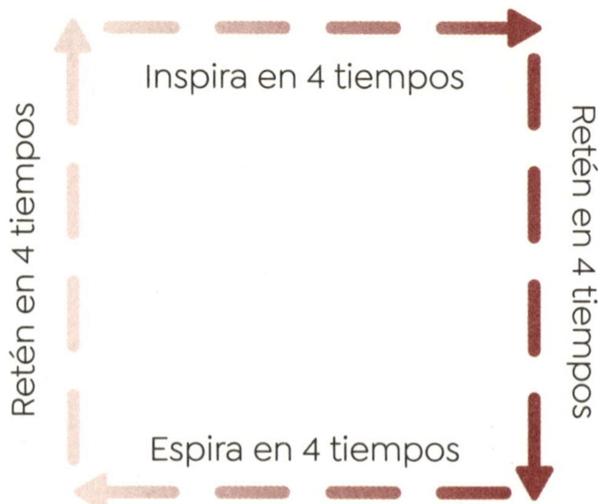

TÉCNICA DOBLE Y MITAD

Inspira en 4 tiempos

Espira en 8 tiempos

La tercera propuesta es un ejercicio que te ayudará a regularte emocionalmente: se trata de la técnica de los 4 elementos.

AIRE

Coge aire. La respiración es una gran herramienta de regulación. Conecta con ella, céntrate en cómo el aire entra poco a poco por la nariz y cómo lo vas expulsando por la boca. Esto ayuda a enviar un mensaje de calma a tu cuerpo, dejando de lado la tensión y la hipervigilancia. Haz tantas respiraciones como creas necesarias para relajarte.

En esta ocasión dirigirás la atención hacia dentro, hacia ti.

TIERRA

Para rebajar la ansiedad, conectar con el presente, aterrizar, ayuda. Así que pon los pies en la tierra y céntrate en el presente. Observa las cosas que te rodean, presta atención a los olores, a las sensaciones...

Esto te permitirá desconectar de la mente por unos minutos, dirigiendo la atención hacia fuera, hacia tu entorno.

AGUA

Cuando sentimos malestar emocional es habitual que se nos seque la boca, así que intenta producir saliva y, si puedes, bebe agua. Sí, bebe mucha agua, hidrátate. Esto ayuda a que tu sistema parasimpático se active y a que tu cuerpo se vaya relajando. Céntrate en las sensaciones que se desencadenan en ti al beber.

FUEGO

Busca apoyo, personas que te transmitan seguridad. Busca el refugio de los abrazos de esas personas. Permítete hablar de las sensaciones desagradables en compañía.

Espero que estos ejercicios te ayuden y que puedas hacerlos cuantas veces los necesites.

Una vez te sientas más relajada, es probable que te resulte más fácil centrarte en observar. La observación te permitirá relacionarte con más tranquilidad con tus referentes, sin dejarte llevar por antiguos patrones, expectativas de cómo deberías ser o respuestas emocionales que posteriormente te generen malestar.

La actitud observadora aporta claridad y contribuye a que vayas ganando confianza para que te ofrezcas lo que necesitas en ese vínculo, haga lo que haga la otra persona.

También aporta mucha claridad entender que:

RELACIONARSE NO ES LO MISMO QUE TENER UNA RELACIÓN.

Cuando nos relacionamos hay comunicación, pero no se produce un intercambio emocional profundo y pleno. Mantenemos el contacto y en todo momento interaccionamos respetando lo que nos resulta tolerable, sin traspasar los límites de lo que es terreno seguro. Tener una relación, en cambio, comporta estar abiertas a una reciprocidad emocional, algo que, con personas que muestran inmadurez emocional, aboca a la frustración, la insuficiencia y la invalidación emocional.

Y eso, querida lectora, pone en riesgo tu bienestar y tu equilibrio emocional.

Si leer estas palabras te causa dolor, te entiendo. Sin embargo, comparto estos pensamientos contigo porque estoy convencida de que mantener cierta distancia emocional y adoptar una posición observadora es lo más respetuoso para ti y para el vínculo que tienes con tu referente.

A veces, la mejor manera de cuidarse en esos vínculos es entender que el objetivo es relacionarse cordialmente —si así lo valoras— y apostar por una relación auténtica con aquellas personas que estén dispuestas a responder como te mereces.

Siento alertarte de una realidad que me encuentro a menudo en consulta. No es extraño que, cuando adoptes una posición observadora en las interacciones familiares, tus referentes con patrones de inmadurez emocional empiecen a mostrarse sorprendentemente más cercanos, más comunicativos...

Este cambio podría llevarte a reconectar con la idea de que por fin son el padre o la madre que te habría gustado que fueran y que habrías necesitado.

Si este es tu caso, ojo: tómate tu tiempo. No te aferres de inmediato a esa idea: sé cautelosa, porque tu niña interior siempre albergará la esperanza de que finalmente cambien. Es posible que ese cambio que has observado en tus referentes no sea más que una reacción que se vaya diluyendo en el tiempo hasta volver a los antiguos patrones.

A continuación, me gustaría compartir contigo algunos recursos que pueden serte de utilidad en esa relación complicada con tus referentes.

EXPRESANDO SIN ESPERAR CAMBIOS

La mayoría de nosotras hemos aprendido que el objetivo final de la comunicación es que nos entiendan, empaticen con nosotras, cambien... Pocas veces —o ninguna— se pone el foco en la persona que comunica. He aquí un aspecto que, a menudo, me parece importante: entender que la comunicación no debe tener el objetivo en el otro, sino en una misma, en el espacio que te das cuando te permites expresar aquello que necesitas.

Te invito, por tanto, a que valores la posibilidad de expresar lo que necesitas con respeto y calma —evitando las críticas—, y sobre todo sin intentar controlar el resultado.

Intenta expresarte deshaciéndote de la necesidad de que la otra persona cambie, te comprenda o valide lo que necesitas. Conecta más bien con tu propio reconocimiento, con la valentía de estar comunicándote, y agradécete que al menos tú estás ofreciendo una posibilidad para el cambio, aunque ese no dependa de ti.

Si ves que empiezas a focalizarte en esperar empatía, un cambio o se despierta en ti el sentimiento de culpa..., respira, date un tiempo y vuelve a conectar con tu necesidad. De esta manera, será más fácil empezar a relacionarte de persona adulta a persona adulta.

El objetivo es que conectes con el reconocimiento propio de que eres capaz de comunicar lo que sientes y necesitas de manera clara y asertiva.

COMUNICANDO DE MANERA ASERTIVA

La comunicación asertiva es aquella que nos permite expresar nuestros sentimientos, nuestras necesidades y nuestros límites, manteniendo el respeto hacia los demás y hacia nosotras mismas.

Podríamos decir que, dentro de un *continuum*, la comunicación asertiva se encontraría en el punto medio entre una comunicación agresiva y una pasiva.

Cuando logramos comunicarnos de manera asertiva, experimentamos una sensación de libertad, satisfacción y orgullo hacia nosotras mismas.

En cambio, si nuestra comunicación es pasiva, al anteponer las necesidades ajenas a las propias se despierta en nosotras una sensación de autodesprecio y culpa que activa patrones de dependencia y pérdida de libertad. En contraposición, si nuestra comunicación es agresiva, una vez finalizada la interacción experimentaremos vergüenza y culpa, conscientes de habernos perdido en la emoción. Esto sucede porque nuestro enfado, nuestra frustración o nuestra rabia hablan por nosotras en la situación.

La clave para que tu comunicación sea lo más asertiva posible está en empezar hablando desde la emoción, desde lo que has sentido. Al comenzar sin señalar el error ni remarcar lo que causa desagrado, es más posible que la otra persona no tome tus palabras como un ataque y esté más dispuesta a escuchar lo que tienes que decirle.

Soy consciente de que adoptando esta actitud mostramos nuestra vulnerabilidad, pero confío en que, llegados a este punto del libro, te sientas preparada para hacerlo.

Yo siempre sigo un guion de cuatro preguntas, tanto en mi vida personal como en las sesiones de terapia: te ofrece cierto orden y seguridad, y te ayuda a ganar confianza para dar el paso de comunicar lo que sientes y necesitas.

Lo comparto contigo por si puede serte útil:

Las 4 preguntas ASERTIVAS:

¿Cómo te sientes?

¿Qué cosas te hacen sentir así?

¿Qué necesitas?

¿Cómo podéis concretar eso que necesitas?

Te propongo el siguiente ejercicio para que te vayas familiarizando con las cuatro preguntas de la asertividad.

Me gustaría que hicieras memoria y pensaras en:

- Una de las últimas situaciones de conflicto que hayas vivido.
- Algo que te moleste especialmente o que te esté costando comunicar.
- Algo que sientas haber comunicado de manera explosiva últimamente.

Cuando tengas alguna de esas situaciones en mente, me gustaría que intentes responder a las preguntas asertivas:

1. ¿Cómo te sientes con eso que está sucediendo?
2. ¿Qué cosas te están haciendo sentir así?
3. ¿Qué necesitas ahora que sabes cómo te sientes?
4. ¿Cómo podéis concretar eso que necesitas? ¿Qué propuestas específicas se te ocurre pedir a la otra persona para mejorar lo que está sucediendo?

Como habrás podido ver, la comunicación asertiva te ayudará cuando debas establecer límites. Pon en práctica lo que hemos visto cuando necesites expresar un «hasta aquí», cuando te haga falta poner límites ante lo que la otra persona te está haciendo sentir.

Es importante y necesario remarcar que, a veces, la persona con la que te estás comunicando no respeta tus límites. Cuando esto sucede, es normal que sientas la necesidad de dejar de tratar que te entienda.

Si ya has intentado con anterioridad comunicarte de forma asertiva y la parte emocional expuesta posteriormente ha sido utilizada en tu contra, es lícito y sano que necesites protegerte. Es lícito y sano que dejes de hablar de tus emociones y te centres en expresar tus límites.

Te pongo un ejemplo que te ayudará a entender a qué me refiero:

Papá, me siento pequeña, triste y menospreciada cuando me atacas chillándome de esta manera. Por favor, ¿podrías dejar de hacerlo?	Papá, si sigues dirigiéndote a mí de esta manera, la conversación se acabará, me levantaré y me iré.

Vivir no es respirar y caminar

Los osos pardos no ponen la mano en el fuego, no se tiran a piscinas sin agua, no lo dinamitan todo cuando son infelices, no fingen, ni se flagelan, ni tampoco les carcomen los remordimientos. Los osos pardos hibernan tranquilos y no salen del refugio hasta que vuelve el buen tiempo. Yo no sobreviviría a la hipotermia del invierno y ellos no saben nada del sentimiento de no poder ser quienes son.

No hace mucho he empezado a tomar cartas en el asunto. Tú que me lees sabrás que caminar y respirar no es vivir. Soy Raúl y acabo de salir de la presentación de mi primera novela. Llegar hasta aquí no ha sido nada fácil: me paralizaba la sensación de decepcionar a mi madre. Sé que ha dado mucho por mí, pero estaba ahogándome.

Si te acuerdas, sabrás que quería presentarme a un concurso literario. ¡Pues lo hice, sí sí! Y menos mal que lo hice, porque a los cuatro meses del cierre de la convocatoria, me llegó un correo electrónico en el que me comunicaban que mi novela era la ganadora. Querían reunirse conmigo, por videollamada, para hablar de los siguientes pasos a seguir. Firmamos contrato, pusimos *timings* para modificar ciertos detalles del manuscrito y cuando recibí la primera paga del anticipo me fui de casa. Empecé a trabajar en una librería, dejé las oposiciones y alquilé un pequeño *loft*. Mi madre no entendía qué necesidad tenía de irme si «en casa lo tenía todo». Puede que lo tuviera todo menos oxígeno para respirar y libertad para ser quién soy.

Aun así, aquí estoy año y medio después, saliendo eufórico de la presentación y sintiéndome más yo que nunca. Vivir no es respirar y caminar. Para mí vivir es apostar por mí, atreverme, disfrutar, ponerle límites a mi madre y confiar en que puedo conseguir lo que siempre he soñado: vivir de la escritura.

APRENDIENDO A PONER LÍMITES

Ay, los límites... ¡Cuánto nos cuestan! No es extraño que tengamos la sensación de ser egoístas, incluso frías, cuando respetamos y expresamos lo que necesitamos... Pero poner límites y aprender a sostenerlos es sano. Nos permite mantener nuestro equilibrio emocional interno.

El primer paso para aprender a trazarlos es descubrir qué te dices cuando estableces un límite. ¿Cómo te tratas internamente? Te invito a hacer el siguiente ejercicio de autoobservación.

RECONSTRUYENDO CREENCIAS	
Cuando tengo que poner límites, mi cabeza me suelta frases poco amables. Si repetimos este tipo de mensajes corremos el riesgo de acabar pensando que son ciertos y generar una creencia: hacer una asociación de conceptos y convertirla en una verdad para nosotros. De ahí que sea tan importante detenerse a identificar esos mensajes y transformarlos en otros más justos, más sanos y menos limitantes. Aquí tienes algunas de mis frases y cómo las he reformulado.	
«Si dices tal cosa → estarás siendo muy egoísta»	«Si dices tal cosa → te estarás respetando»
«Si pides esto → será demasiado»	«Si pides esto → te estarás cuidando»
«Si comunicas esto → serás una borde»	«Si comunicas esto → te estarás escuchando»
Ahora te toca a ti. Te animo a identificar tus propias frases y a darles un final diferente, más sano.	

Puede que ahora te sientas más preparada para validar lo que necesitas y con fortaleza suficiente para expresarlo. Te invito por tanto que, en tu relación con ese referente, pongas intención en que la interacción respete tus tiempos, así como la duración y los temas que tú necesitas. Tal vez en algún momento debas redirigir la conversación hacia el lugar que te parece seguro, e incluso puede que debas expresar de manera respetuosa que tienes que irte o que ese día no te va bien quedar.

Esta es una nueva manera de gestionar esa relación y es posible que la otra persona se sorprenda, o incluso demande con insistencia recuperar de nuevo a tu antigua yo, la que cedía y concedía.

Sin embargo, es importante que te des un tiempo para valorar si esta nueva dinámica te ayuda a recuperar tu bienestar emocional y a cuidar de ti.

No se trata de que tú te sitúes por encima de la otra persona, sino de que ambas estéis al mismo nivel: que tus necesidades tengan la misma cabida que las suyas.

Me gustaría compartir contigo lo que suele suceder cuando no se ponen los límites necesarios.

La necesidad de poner límites nace del malestar que nos generan ciertas situaciones dañinas y esto despierta nuestra rabia. La rabia es una emoción necesaria, nos protege y nos da energía para poder pedir los cambios que necesitamos. No sé si lo recuerdas, pero hablamos de ella en el capítulo «La importancia del enfado».

Si la rabia que sientes —que está ahí a tu servicio, para permitirte poner y expresar esos límites— no sale, se queda dentro, puede que se proyecte contra ti,

ALERTA

convirtiéndose en una voz crítica y castigadora que te dice cosas como estas: «Eres tan tonta, siempre cediendo», «Vaya tela, si es que siempre das más de lo que recibes».

La mujer que soy

Julia y yo llevábamos tiempo valorando la idea de ser madres adoptivas y decidimos dar el paso e iniciar el trámite de la solicitud de adopción nacional.

Lo que no esperábamos es que, a los ocho años del inicio del trámite y después de llevar dos y medio con Mar —una niña de cuatro años adorable a la que amábamos inmensamente y de la que habíamos aprendido tanto en el poco tiempo que la habíamos tenido en acogida permanente—, nos llamaran para darnos la noticia de nuestra vida.

Ser madre —aunque adoptiva— me ha aportado infinidad de cosas y, al mismo tiempo, ha reabierto mil heridas. A raíz de la conversación que mantuve con mis padres en su casa para hablarles de Julia, decidí que necesitaba empezar terapia.

Julia es la mejor compañera de vida que podría haber escogido. A su lado me siento atractiva, interesante y capaz de comerme el mundo. Tiene una manera increíble de quererme. ¡Hacemos un equipo de la leche! No todo es ni ha sido fácil. Una de las cosas que he aprendido en terapia es que nada viene perfecto de por sí: hay que trabajar e ir construyendo poco a poco. En la relación hemos pasado por baches, pero es precioso ver cómo vamos construyendo un lugar seguro para las tres.

En cuanto a mis padres, la terapia me ha permitido poder sanar, sintiendo que he sido —y soy— capaz de romper ciertos patrones familiares. Estoy implicada con Mar, y regulo mis emociones para poder acompañarla a ella con las suyas. Me importa y le demuestro día a día la persona maravillosa que es.

Mis padres son como son... Después de luchar durante años para que mi padre reconociera su adicción y tener la sensación de darme cabezazos contra un muro, he decidido entender y aceptar que es su vida y que en ella él toma sus propias decisiones. En cuanto a mi madre, ahora veo que su mirada examinante habla más de ella que de mí. ¿Su manera de querer dista de la mía? Sí, pero tampoco voy a cambiarla.

He aprendido a valorar sus fortalezas y a protegerme de sus debilidades.

Al responder a la llamada, Marina, la educadora del ICAA, nos dijo que el proceso de Mar se había cerrado. Que la acogida permanente se convertía en adopción, era legalmente nuestra hija. En ese preciso instante, no pude hacer más que emocionarme y por primera vez no me juzgué por ser sensiblera sino por ser la mujer que soy: valiente, consciente y capaz de lo que me proponga.

Bienvenida para siempre a casa, Mar.

11. DESCUBRIENDO TU NUEVA YO

Si has llegado hasta aquí, habrás podido ver el impacto que ha tenido en ti ese referente con conductas emocionalmente inmaduras. Es innegable que su ausencia y sus carencias te han causado heridas que hay que sanar.

No obstante, como la adulta que eres, ahora tienes en tus manos la oportunidad de emprender el camino hacia la sanación. Si has escogido este libro y lo estás leyendo, sin duda tienes una fortaleza interna que te empujará a recorrerlo. Estoy extremadamente orgullosa de que te lo permitas y muy agradecida de que confíes en mí para hacer parte de ese camino juntas. GRACIAS.

El proceso de sanar es duro. Consiste en coger partes rotas y frágiles y, con sumo cuidado y mucho cariño, situarlas en nuevos lugares para reconstruirte en el proceso. Estamos sanando partes muy profundas. Por tanto, es muy importante que te permitas respetar tus ritmos y que tomes perspectiva para valorar todos tus avances y agradecértelos.

Para cuidar de ti debes ser compasiva contigo misma. Solo así podrás saber qué sientes y qué necesitas. Y eso te permitirá identificar qué límites debes poner, qué necesitas expresar y cuándo tienes que dejar de dar en exceso.

A veces, tras las experiencias vividas, desarrollamos una empatía excesiva y acabamos ocupándonos del malestar ajeno antes que del nuestro. Es importante reajustar esa empatía para no dar más de lo que sentimos que es justo para con nosotras.

La empatía en su justa medida permite tener compasión y, a la vez, respetar nuestras propias necesidades y nuestros límites.

Ser compasiva contigo misma puede resultarte algo extraño, poco familiar. La gran mayoría de nosotras hemos crecido interiorizando voces más bien exigentes, estrictas o incluso castigadoras. Pero ahora es el momento de que, con intención y conciencia, te dediques esa mirada y esa voz compasivas que frene los diálogos internos demasiado boicoteadores.

Ser compasiva es un lenguaje de amor hacia ti.

CAMBIANDO LA HISTORIA

Si has llegado hasta aquí, ya sabrás que es posible plantearte la posibilidad de vincularte de una nueva manera con tus referentes: cambiando viejos patrones, soltando las esperanzas de cambio y estableciendo con ellos una nueva conexión desde la aceptación de quienes son. Eso no significa negar tu pasado, sino permitirte empezar a interactuar sin expectativas de cambio y siendo fiel a quién eres.

Si abandonas las fantasías de quién te gustaría que fueran tus referentes, les permites ser quienes son en realidad y te das espacio para empezar a relacionarte desde tu auténtico yo.

> Cuando has sufrido de manera significativa, ya nunca llegas a sentirte como si nada de aquello hubiera ocurrido. Esas heridas siempre formarán parte de tu historia y de ti. Sin embargo, cuando empezamos a sanarlas, su peso disminuye y, por tanto, nuestra forma de responder cuando algo o alguien las roza también cambia.

Es como si empezáramos a responder a lo que sentimos en lugar de quedarnos atrapadas en ello. Esa herida está, sí, pero ya no tiene el poder de dirigir tu vida o definir quién eres.

Querida lectora, puede que estés pensando que aceptar lo sucedido en el pasado implica entonces resignarse ante ello en el presente y eso genere en ti cierta frustración. Tranquila, es todo lo contrario: aceptar no es lo mismo que resignarse.

Aceptar no supone conformarnos con aquello que no nos gusta, sino darnos cuenta de las situaciones, las conductas y las acciones que nos hieren y tomar las riendas para cambiarlas en nosotras. Pero recuerda: nunca estará en nuestra mano que los demás las cambien también.

> Aceptar nuestro origen nos ayuda a tomar conciencia y esto nos permite soltar ese legado familiar que no queremos perpetuar. Cuando identificamos de manera clara antiguos patrones, nace en nosotras la capacidad y la posibilidad de dejar de repetirlos y de empezar a cambiarlos.

Deseo, vulnerabilidad y valentía

El personaje Spock de *Star Trek*, la serie que veía mi madre, decía que el amor humano era la combinación de tres ingredientes: deseo, vulnerabilidad y valentía. El deseo te hace sentir vulnerable, y eso te obliga a ser valiente.

Así que, enfrentándome con valentía a todos mis recuerdos, me senté a hablar con mi madre, Lucía. Le conté que, a raíz de la separación con Lucas, se habían desbloqueado en mí recuerdos de agresiones físicas y que, por ese y otros motivos, llevaba tiempo en terapia. Quería hablar de ello sin que se pusiera a la defensiva, pero me daba mucho miedo que negara esa parte de la realidad. Mostrarme me hacía sentir extremadamente vulnerable, pero, me gustara o no, esa vulnerabilidad era la cualidad estimulante de cualquier historia. Implica exponernos a la posibilidad de la pérdida y —sobre todo— a la posibilidad de conectar. No puede existir la una sin la otra.

A mi madre se le entumecieron los ojos, se puso colorada y empezó a alzar la voz: «Ay, María, ¿por qué sacas esto ahora? Sé que he sido mala madre, pero las circunstancias me llevaron a ello y no me arrepiento de nada. Fue así porque estaba abrumada. ¡¿Lo entiendes?! ¡Estaba abrumada!».

Suerte que había hablado de ello en terapia. Mi psicóloga se había centrado en remarcar que, si yo lo sentía así, estaba bien tener esa conversación con mi madre, pero sin olvidar que lo importante era asumir mi propia verdad, darme espacio y no esperar nada de ella. Así que cogí aire, respiré y le dije: «Solo quería hablar de ello con calma, mamá. Me sabe muy mal que no te arrepientas y sí, entiendo que estabas abrumada».

Con el tiempo comprendí que mi historia era mía y, por mucho que a mi madre le costara asumirla, no dejaba de serlo. Me siento orgullosa de mí y también capaz de cambiar las cosas. Me he demostrado a mí misma que tengo la valentía de mirar al pasado y aprender de él.

Ahora entiendo que el amor —sentimiento con el que he estado muy enfadada durante mucho tiempo— es más como una carretilla que como una flor. Es rudo y enredado, pero resistente. Difícil de expresar en palabras.

12. TÚ DECIDES QUÉ HACER CON TU VERDAD

Cuando hemos vivido una infancia con carencias, es muy habitual que, al alcanzar la edad adulta, conectemos con la necesidad de hacer saber al referente responsable todo nuestro malestar —la sensación de abandono, de incomprensión y de mal trato—. Quizá ahora sientas la necesidad de dar voz a todo lo que has silenciado y expresar por fin tu verdad.

Si este es el caso, es importante que seas honesta contigo misma y te digas con total honestidad cuál es tu objetivo: ¿deseas comunicar tu verdad para conectar, sanar y acercarte a aquel referente o lo haces movida por el enfado profundo de la herida? El resultado variará mucho en función de cuál sea tu motivación real.

Lamentablemente, es muy probable que el referente te responda de forma parecida a como lo hacía en tu infancia. Por mucho que tu niña interior necesite sentir que lamenta el daño que te causó, que se arrepiente, puede que su respuesta vuelva a ser un ataque o un rechazo que te conecten de nuevo con el abandono.

Así que, si decides expresar tu verdad, te recomiendo que sea tu adulta la que establezca ese contacto. Dar el paso de hablar de esas heridas del pasado es importante para algunas personas, pero también es cierto que para otras no lo es.

Por tanto, antes de abrirte y comunicar tu verdad, asegúrate de sentirte preparada ante la posibilidad de que NO obtengas una disculpa. Puede incluso, que ese referente NO llegue a entender ni validar nada de lo que has pasado. Pero recuerda: que la persona que te ha herido no lo reconozca no significa que tu experiencia no sea real. Si el referente responsable de tu dolor no lo reconoce, necesitarás ser tú la que atienda tu herida para poder sanarla.

Si este es tu caso, si no has recibido ese «lo siento», te abrazo fuerte. Lamento que hayas tenido que pasar por algo así. De todos modos, quiero validar tu experiencia y recordarte que tú sí tienes claro lo que has vivido y no necesitas que ese referente lo corrobore. Tu verdad es tuya y es válida.

Recuerda que el propósito de expresar lo que sientes es darte a ti ese lugar, no cambiar a ese referente.

Deseo que este enfoque te haya hecho sentir abrazada y con la fuerza necesaria para empezar a ofrecerte a ti misma lo que necesitas y mereces.

Romper el círculo

¡Como el amor de una madre no hay ninguno!

Hola, soy Bárbara y, si te soy sincera, esta frase que acabas de leer no la afirmo, en realidad la cuestiono: ¿será cierta? Si es así, qué triste.

En estos últimos años, cuando he tenido que explicar que no mantengo relación con mi madre, me he sentido muchas veces cuestionada. La gente tiene ideas preconcebidas de cómo deberían ser las familias y las proyectan sin ningún filtro. ¿Acaso creen que lo que desea una hija es no tener contacto con su madre? ¡Pues claro que no!

Después de mucho escucharme y, por supuesto, de pedir ayuda, he aprendido a ver quién es ella y quién soy yo. He conseguido aceptar la realidad, liberarme de la culpa y valorar que lo más sano para mí es tomar distancia.

No puedo salvar a mi madre, no puedo forzarla a que vea lo que no quiere ver. Hasta el momento, mi aprendizaje más doloroso —y también el más importante— es que no todo el mundo quiere cambiar, incluida mi madre. Es una lección dura, pasas por muchos momentos... Me he llegado a cuestionar a mí misma, he puesto en entredicho lo que mi decisión puede querer decir de mí y aquello en lo que me convierte.

Con el tiempo, he conseguido que la respuesta sea justa, al entender que buscar ese amor que no llega de manera constante no me hace bien. El mayor regalo que me he podido hacer es no seguir sacrificando mis necesidades ni traicionándome a mí misma. Ahora consigo por fin centrarme en lo que sí tengo. En construir relaciones sanas y romper el círculo. Tengo una relación preciosa con mis hermanos, amistades increíbles y a mis abuelos.

Llevo años independizada y comparto la vida con mi hija de cuatro patas, Lola, una galga rescatada. Me ha enseñado tanto sobre el amor incondicional y ha sanado tanto de mí...

Me gusta mi vida. Me encanta tal y como está ahora: me siento en paz, he encontrado la estabilidad, disfruto como nunca de mi profesión y vivo rodeada de gente maravillosa, con la que comparto la vida.

13. ¿SIENTES PERDONAR?

Perdonar nos cuesta. A veces, sentimos que no podemos perdonar, y está bien si es así. El perdón solo es posible si lo sentimos, y a veces ni siquiera requiere que los demás se hayan disculpado: sentimos el deseo de perdonar y desde ahí lo hacemos.

A mi modo de ver, al perdonar a alguien soltamos viejos rencores y nos permitirnos sentir afecto después de haber superado fases de enfado, rabia, dolor y decepción. Comprender por qué esa persona nos hirió nos ayuda a poder perdonarla. Al entender y aceptar sus carencias nos damos cuenta de que, a veces, ese dolor que nos causó no respondía a una voluntad consciente de dañarnos, sino simplemente a limitaciones e incapacidades.

El comportamiento hiriente del otro, por tanto, responde a sus propias carencias y nada tiene que ver con que tú lo merecieras, con que hubiera algo roto en ti ni hicieras nada mal.

Cierto es que, a menudo, resulta más fácil perdonar desde la distancia. Por ejemplo, cuando nos hemos independizado de la familia y nos hemos alejado de ciertas conductas y maneras de hacer. Sin embargo, para poder dejar ir y perdonar, es frecuente necesitar sentir cierta reparación y reconocimiento del daño. Y eso no siempre se da.

Por ejemplo, si después de aquella discusión donde perdió las maneras y te atacó con palabras hirientes tu madre llega a casa y reconoce su error sin peros, si se disculpa y, con el tiempo, demuestra haber aprendido de su error y no vuelve a caer en lo mismo, te resultará más fácil perdonarla. En cambio, si ante la misma situación tu madre no acepta su error, no se disculpa y en futuras discusiones repite los mismos patrones ofensivos e hirientes, es normal que no sientas perdonarla. Es posible que en ese caso sintamos más bien la necesidad de protegernos de su conducta. De ahí que haya empezado este apartado comentando que no siempre sentimos perdonar.

> Podría parecer que lo ideal es conseguir ser quienes somos de verdad y, a la vez, poder protegernos en la relación que mantenemos con nuestros referentes emocionales. Sin embargo, a veces la forma de proteger tu bienestar y tu salud emocional es suspender el contacto con la persona que te causa daño emocional.
>
> Esta decisión va acompañada de dolor y tristeza y, a menudo, también de culpa y de serias dudas sobre quién eres tú y qué dice de ti tu distanciamiento.

> Sin embargo, considero realmente importante empezar a hablar de esta realidad, porque no podemos sostenerlo todo, y puede suceder que tengas razones de peso suficientes para distanciarte.

Por tanto, puede que la mejor decisión para ti sea cortar el contacto. Hay referentes que son emocionalmente hirientes, que te pierden el respeto, que se entrometen en tu vida y que atentan contra necesidades básicas para tu bienestar. Así que, aunque tengas un vínculo biológico con esa persona, no estás obligada a mantener con ella un vínculo emocional si su comportamiento te hiere.

Es posible que retroceder un paso te ayude a tomar la decisión de cortar el contacto con ese referente que te daña. ¿Qué quiero decir con eso? Que puede resultar esclarecedor observar si la necesidad que sientes de tener a ese referente en tu vida es real o si, por el contrario, es un residuo de necesidades no atendidas en tu infancia. ¿Realmente necesita a esa persona la adulta que eres ahora?

Entiendo que esta pregunta pueda parecerte radical y dura, porque no está bien visto suspender el contacto con la familia. Socialmente nos inculcan que la familia va por delante de todo, que la familia todo lo puede... Sin embargo, no estaría siendo honesta si no os dijera que siento de todo corazón que es muy necesario plantearnos la pregunta anterior cuando nos vinculamos con personas con dinámicas emocionalmente inmaduras. Es fácil dejarnos llevar por la creencia de necesitar desesperadamente a una persona, cuando en realidad no disfrutamos al interactuar con ella.

Ante determinadas situaciones, por tanto, no conectamos con el perdón, sino con la necesidad de protección. Y también está bien.

Por eso es tan difícil trasladar mensajes generalizados. Realmente lo sano es dar espacio a la individualidad y conocer el contexto y la historia de cada una de nosotras para, desde ahí, conectar con la emoción y las necesidades reales y no con lo que se supone que deberíamos sentir.

Soy de las que piensan que, en los momentos difíciles, tenemos la capacidad de aprender, evolucionar y crecer. No me malinterpretes: me encantan los momentos fáciles y bonitos en los que nos sentimos bien y podemos compartir y disfrutar. Pero en mi trabajo dedico gran parte de mi energía a acompañar a personas que atraviesan momentos complicados y una de las cosas que me da aliento es saber que a menudo de lo malo podemos extraer grandes aprendizajes. Los momentos difíciles dejan huella, pero somos quienes somos en parte gracias a ellos.

Esta vez te voy a pedir dos cosas. Primero, que te escuches. Y, en segundo lugar, si sientes que perdonar resuena contigo, que escribas una carta en la que expreses todo lo que deseas perdonarle a ese referente.

Si, por el contrario, no sientes que el perdón te resuene en el momento en el que estás —es perfecto que así sea, no debes forzar nada, ni sentirte mal o culpable—, te invito a escribir una carta en la que expreses todo lo que te gustaría agradecerle a tu relación con ese referente, todo lo que te está enseñando.

Si sientes que ambas opciones resuenan contigo, ¡no te cortes y escribe las dos cartas! :)

Si has llegado hasta aquí, DE NUEVO APROVECHO PARA AGRADECERTE TU VALENTÍA Y TU CONFIANZA EN MÍ. Estoy muy orgullosa de que te permitas revisar partes dolorosas del pasado.

Y recuerda siempre que tienes capacidad para SANAR.

Escribe aquí tu carta

Querida lectora:

Como habrás comprobado, la vida es como un espejo que nos muestra el reflejo de lo que es importante para nosotras. Lo que todavía no hemos sanado sale a relucir en nuestra conducta, en nuestras relaciones y en el trato que nos damos a nosotras mismas.

Realmente me ha impresionado mucho el valor que has demostrado tener al leer este libro y revisar el pasado para poder mirar el futuro de manera más libre. Estoy muy orgullosa de ti. No es fácil enfrentar miedos, carencias y creencias inconscientes.

Espero que esta herramienta te haya podido servir para deshacer algunos nudos. No quiero terminar con ninguna promesa, sino deseando, con mucho amor, que en estas páginas hayas podido encontrar lo que necesitarás. Ojalá haya podido aportarte algo de luz, comprensión y amor propio.

Un abrazo gigantesco, de esos que se sienten y se saborean.

Nataxa

Agradecimientos

Dedico este libro a todas las valientes que confían en mi equipo y en mí para iniciar sus procesos de terapia.

A Joan Pol, por ser un apoyo y catalizador constante. Por mirarme tan bonito y creer siempre en mí incluso cuando yo no lo hago.

A mis constantes Mama y Sheyla, por estar en cada paso y confiar siempre en mi capacidad.

A Astor, por ser el mejor perro coterapeuta al que recurrir para rebajar mis miedos entre caricias.

A mis amistades, por siempre mostrar interés y sostén (en especial a Mireia, Claudia y Montse, quienes se han ofrecido a leerme y sugerir mejoras).

A toda mi familia de la que tanto he aprendido y con la que crezco constantemente.

A mi equipo: Laura P, Gisella, Laura T y Carmen, por sumar y construir juntas. Soy muy afortunada de contar con profesionales y personas tan especiales como vosotras.

A mi psicóloga Ana, porque gran parte de todo esto no hubiera sido posible sin lo aprendido en mi proceso contigo.

A mí misma, por abrirme y atreverme a intentar aportar mi granito de arena en el mundo complejo de las familias. Por embarcarme en la aventura de escribir un libro y por confiar cuando el miedo o el sentimiento de insuficiencia lo eclipsaba todo.

Y por último, a ti, que me has escogido como compañera durante estas páginas y me has permitido acompañarte en parte de tu camino.

Libros que me han inspirado y te recomiendo

Bowen, M., *Family Therapy in Clinical Practice,* Nueva York, Rowman and Littlefield, 1978.

Cazcarra, M., *Amor sano, amor del bueno. Una guía para convertir tu relación en un lugar seguro para ti y para tu pareja,* Grijalbo, 2023.

Cori, J. L., *La madre emocionalmente ausente. Cómo reconocer y sanar los efectos invisibles del abandono emocional infantil,* Sirio, 2023.

Davis, L., *I thought We'd never speak again: The road from estrangement to reconciliation,* Harper, 2002.

Gibson, L. C., *Hijos adultos de padres emocionalmente inmaduros. Cómo recuperarse del distanciamiento, del rechazo o de los padres autoinvolucrados,* Sirio, 2022.

Segrelles, M., *Querida mamá: me dueles,* Bruguera, 2024.